BREVERÍAS ARGENTINAS

Gerardo Mendive
compilador

MENDIVE MICHELINI, Gerardo (compilador) *Breverías argentinas*, Editorial Ygriega, Madrid, 2024, 206 pp. 148X210 mm.
Papel EAN: 9788417666989 ISBN: 978-84-17666-98-9
Digit. EAN: 9788417666996 ISBN: 978-84-17666-99-6
DL: M- -27044-2024 Diseño de cubierta, Grafismo Y

Una vez superados los gastos de producción, los derechos de autor correspondientes a este libro serán donados a *Cáritas*

VENTA EN PAPEL: Los canales habituales de distribución en **España** y el **resto del mundo**. Además, entre otros muchos canales en América:

Argentina * CUSPIDE.COM http://www.cuspide.com/ * MANDRAKE https://www.mandrakelibros.com.ar * OZONUM Mercado Libre - Argentina https://listado.mercadolibre.com.ar/

Brasil * O ATENEUM www.oateneum.com.br

Colombia * LEMOINE EDITORES www.librosyeditores.com * BIBLIOSTORE - Mercado Libre https://listado.mercadolibre.com.co/ * LIBRERIA DE LA U www.libreriadelau.com

Chile * VOY A LEER www.voyaleer.cl / * BIBLIOSELLER CHILE / * BIBLIOSTORE CHILE - MERCADO LIBRE / * EDUCALIBRO

Ecuador * POWER STORE BOOKS www.powerstorebooks.com * THE BOOKS LINK www.thebookslink.com

Méjico * MX BIBLIOSELLER https://mx.biblioseller.com/es/ * BIBLIOSTORE México - Mercado Libre https://www.mercadolibre.com.mx/ * Librerías GANDHI / www.gandhi.com.mx/ * Librerías GONWIL www.gonvill.com.mx / * CADABRA Books www.cadabrabooks.com

Perú *PERÚ BIBLIOSELLER https://pe.biblioseller.com/es/ * ALEPH IBD (Mercado Libre) https://listado.mercadolibre.com.pe/ * Librería SBS https://www.sbs.com.pe

Uruguay * MERCADOLIBROS (Mercado Libre) https://mercadolibros.uy/ * PALACIO DEL LIBRO S.A. www.libreriapocho.com.uy

VENTA DIGITAL: La **Casa del Libro** y otras plataformas.

España, TAGUS BOOKS http://www.tagusbooks.com/ TODOS TUS LIBROS/ CEGAL www.cegal.es AGAPEA FACTORY www.agapea.com **Canarias.** LIBRO TÉCNICO, Librería http://www.ellibrotecnico.com / UNICORNIO, Librería http://www.unicornioweb.com **Colombia**, LIBRERÍA NACIONAL www.librerianacional.com **Méjico**, LA VENTANA, Librería https://laventanalibreria.com/ CASA DEL LIBRO, La Casa del Libro México Méjico, EDUCAL, http://www.educal.com.mx/ LIBRERÍA DEL SOTANO, SA DE CV www.elsotano.com **Nicaragua**, LITERATO http://www.ebooks-literato.com.ni/

BREVERÍAS ARGENTINAS

Introducción

Desde hace unos cuantos años hemos venido seleccionado citas -que por uno u otro motivo llamaron nuestra atención- en libros, periódicos, revistas... Al no seguir ningún plan deliberado en esta búsqueda, el desorden y la falta de estructura se fueron imponiendo y ello, lejos de desanimarnos, constituyó un motivo de consideración para persistir.

El material reunido procede de diversos autores, corresponde a diferentes momentos y refiere a muy distintas cuestiones porque no nos detuvimos ante las fronteras temáticas.

Al paso del tiempo la recolección de textos fue creciendo hasta llegar a constituir un Almacén de citas, anécdotas y afines, al que acudimos cuando es necesario. Tal como sucedía en los viejos almacenes de barrio, a veces cuesta dar con lo que se rastrea, pero con paciencia y sin prisa nos damos a la tarea, siempre con la esperanza de hallarlo.

Es así como una vez más fuimos al Almacén para elaborar esta compilación de citas que tienen algo en común: se refieren a Argentina o los autores son argentinos. Hemos dado con una pluralidad de voces

-con las que no necesariamente coincidimos- que invitan a reír, a dolerse, a reflexionar... lo cual no es poca cosa.

En el entendido de que toda selección es subjetiva y arbitraria, buscamos a través de pinceladas que vienen de miradas curiosas, especiales, contradictorias, construir un collage de diversos rasgos de lo cotidiano.

No ignoramos que algunos textos fuera de su marco original podrían derivar en una interpretación sesgada; la cita separada de su entorno puede sugerir algo muy diferente a lo que pretendía transmitir su autor.

La contundencia de estas sentencias se presta a controversias ya que al decir de Jorge Luis Borges: "Nos duele admitir que nuestra opinión de una línea pueda no ser final. Confiamos nuestra fe a los renglones, ya que no a los capítulos."

Hemos optado por presentar los textos ordenados en forma alfabética a partir de la palabra que da entrada a cada cita. En la transcripción se han respetado las formas discursivas, así como la ortografía del original. En algunos casos los fragmentos han sido tomados de fuentes secundarias que los atribuyen a ciertos autores; nos hemos guiado por estos seña-lamientos. Cuando se lo consideró oportuno, se añadió el año o período al que corresponde el texto.

Esta compilación forma parte de una serie de trabajos similares referentes a España, México y Uruguay. No persiguen ninguna utilidad específica y si el lector encuentra alguna, sabremos celebrarlo.

* abajo
Los grandes estados no nacen de grandes virtudes de gobierno, sino de grandes virtudes populares. Es, en efecto, en el rubro nación y no en el rubro Estado donde se guardan las supremas energías de reserva y las ratificaciones o rectificaciones de la línea histórica de un pueblo. (...) Urge que abonemos nosotros rápidamente la tierra colectiva, el suelo de vida, el piso de espíritu y corazón y conducta en que nuestra nación se levanta, y que pronto se fortalezca como cuerpo nuevo en sus más distintas parcelas.
Eduardo Mallea, en los cuarentas del siglo XX

* acción
No intento escribir mis memorias porque estoy empeñado en hacerlas.
Juan Domingo Perón; citado por Herbert Klein

* acelerados
Otra de las primeras impresiones que se reciben es que todos andan deprisa y que todo está alborotado. Aquella calma que traemos de Europa, aquel ritmo en el caminar que podríamos calificar de tres por cuatro, aquí es de cuatro por doce, y uno tiene que acostumbrar las piernas al compás de los demás si no quiere ser un estorbo público. No creemos que todos tengan prisa, pero los que no la llevan tienen que fingirla.
Santiago Rusiñol, 1910, en su visita a Buenos Aires

* acepción

(...) el prefijo *re* que en los últimos años se prende a incontables palabras cuando alguien necesita acentuar o exagerar algo: sos un *re-loco*, te *re-quiero*, te *re-odio*, llegué *re-temprano*, te *re-necesito*, sos *re-linda*. (...)

Mucha atención hay que poner cuando uno quiere buscar a alguien. La palabra *recoger* se prestaría a un malentendido atroz. Y, a propósito, el hispanísimo vocablo *coger* (...) se le excluye de su acepción original y reemplaza por *agarrar* o *tomar* y, en ocasiones, por *levantar*, *alzar*, *atrapar*. Su resonancia sexual es tan intensa que hasta contamina otras palabras como *acoger*, *encoger* y la mencionada *recoger*. Incluso se esquiva el término *cojo*, sustituyéndolo por rengo.

Marcos Aguinis

* aceptación

Es muy común que en Argentina te pregunten con sorpresa si te analizás o no. En España, en cambio, no está bien visto ir al psicólogo. De hecho, me contaba un amigo que van pero que no lo cuentan. Les da vergüenza, porque está asociado todavía a la debilidad. ¿Qué pasa? ¿No te la aguantás solo? ¿Tenés que ir a llorar adelante de alguien? O está asociado a la locura. Y a nadie le gusta ser ni débil ni loco. En Argentina hemos logrado entender que no tiene que ver con eso. Así como si te duele la muela vas al dentista, si te duelen las emociones vas a un profesional a que te ayude. Si uno no deja que se le caigan los dientes, ¿por qué vas a dejar que se te parta el alma?

Gabriel Rolón

* acervo
Vendo mi biblioteca, necesito espacio. Conservo sólo 500 libros, la biblioteca ideal, con esa cantidad se puede trabajar.
Ricardo Piglia

* achaques
En mi vejez, a pesar del pólipo de la vejiga, la fibrilación auricular, la arterioesclerosis periférica, el constante dolor fantasma, la hernia de hiato, la manquera, el principio de cataratas en el ojo derecho, la escoliosis de columna, la conjuntivitis crónica, los epiteliomas, el colesterol, la tensión arterial y tantos achaques más que olvido o ignoro, cuando no me invade el pánico, creo que soy un hombre feliz.
Julio Llinás

* acontecimiento
(…) en la cultura rioplatense el futbol tiene unos rituales de iniciación similares a los del amor: acompañar al hijo en la cancha es como apadrinarle la primera novia.
Alberto Salcedo Ramos

* acostumbramiento
(…) la reiteración de los escándalos puede anestesiar esa noción abriendo paso al escándalo mayor: que el escándalo ya no escandalice.
Juan Gelman

* acotación
Desearía haber nacido en otra época, siempre que te hubiera encontrado en ella.
Silvina Ocampo

* acta
El tango lo mezcla todo, en estilo telegráfico: es el relato atropellado de quien presta declaración con la faca clavada en el alma.
Ramón Gómez de la Serna; citado por Antonio Pau

* actor
Yo siempre le rajé a hacer personajes que hayan existido. No podés competir contra alguien que existió. Cuando estábamos filmando *1985*, yo estaba caracterizado de Strassera. En un descanso fui hacia la *motorhome* y me para un matrimonio grande. Él me dice: "Yo fui muy amigo de Strassera. No te parecés en nada, pero estás igual". Muchas veces me preguntan: "¿Cómo te acercás a un personaje?", y yo no tengo un método. Si estoy cerca de ver cómo siente y cómo piensa, siento que la cosa va fluida. Eso me pasa con Strassera. Y lo que me dijo ese señor me tranquilizó, porque no buscamos una similitud física, sino saber cómo funcionaba el tipo, cómo pensaba.
Ricardo Darín; citado por Leila Guerriero

*actual
(…) el aguafuerte, del modo en que Arlt la compuso -un modo libre y desprejuiciado, que mezcla registros- es quizás el género insignia del presente, aunque ya casi no se use ese nombre para etiquetar ese tipo de textos. Textos

que hoy proliferan en diarios y libros y que se pueden leer en un universo un poco más amplio junto al diario íntimo, el ensayo bonsái, la diatriba e incluso, por qué no, con el posteo de Facebook. Borges, la otra línea que funda la literatura argentina del siglo XX, línea que durante mucho tiempo se pensó irreconciliable literariamente con la línea de Arlt, también incurrió con insistencia en este género mestizo y de profunda libertad en el que muchos de los escritores argentinos de hoy abrevan.
Mauro Libertella

* actualizados
Estar en la pomada es imperioso. Estar fuera de la cosa es insoportable. Sería incinerarse de todo fuego preguntar un sábado a la noche, en una reunión, si *Regreso a las estrellas* era la canción que cantaba Judy Garland, si *Recuerdos del futuro* es un conjunto beat o si *El triángulo de las Bermudas* es una novela de esas que hablan sobre el amor *à trois*.
Isidoro Blaisten

* acusación
Juan B. Justo sostenía que bastaba que un peón de campo escribiera: "queremos más galleta" para que se le motejara de anarquista.
Raúl Larra

* adanismo
Es curioso: cada generación –sin excluir la mía-, en su hora cree que la literatura empieza con ella.
Carlos Mastronardi

* adaptación

(…) pero si es cierto que el territorio de la lengua española está gobernado por una gramática común, también es cierto que cada región de ese territorio presenta un clima, paisaje y colorido espiritual diferentes. Méjico, Chile, Argentina, no sólo se distancian de España por un largo continente sino también por formas de vida y por maneras de pensar. Lo mismo ocurre dentro de estos dilatados países; en el nuestro, por ejemplo, un Norte seco y montañoso, un Oeste de mineral y nieve, un litoral de húmeda dulzura, una pampa lisa y abstracta, y el lejano Sur que se junta con el vértice del mundo, definen la tonalidad y el sentido ambiental de las palabras.

Es natural, por tanto, que cada una de esas grandes regiones posea una latitud expresiva propia.

José Edmundo Clemente

* adicción

¿Cómo se convierte alguien en escritor, o es convertido en escritor? No es una vocación, a quién se le ocurre, no es una decisión tampoco, se parece más bien a una manía, un hábito, una adicción, si uno deja de hacerlo se siente peor, pero *tener* que hacerlo es ridículo, y al final se convierte en un modo de vivir (como cualquier otro).

Ricardo Piglia

* administración

(…) los dueños de nuestra cultura que administran reputación, prestigio, la publicidad como premio o el anonimato como sanción, según se esté o no a su

servicio; es decir, al servicio de la colonización pedagógica.
Arturo Jauretche

* adolorido
Por los diarios de Francia veo que las cosas en mi tierra siguen su curso de siempre. ¡Pobre país mío! Cuándo sacudirá su modorra, su credulidad, su oportunismo, inclinación al burocratismo envilecedor. Me duele profundamente esta etapa argentina tan suicida, tan bochornosa.
Atahualpa Yupanqui, 1950; citado por Verónica Chiaravalli

* adopción
Cuando un artista uruguayo alcanza un alto nivel creativo, nosotros los argentinos tendemos a calificarlo de rioplatense. Es un gesto que habla de lo opuesto al rechazo y que dice bien de cierta sagacidad crítica.
Rafael Squirru

* advertencia
No se acaba con el canibalismo comiéndose a los caníbales.
Jorge Luis Borges

* afonía
Muchos cantan cuando van a la guerra. Pero ninguno cuando regresa…
José Narosky

* afortunados
Supongo que toda persona en algún momento está por
creer que pertenece al mejor país, a la mejor tradición
del mundo. No sólo los ingleses, los franceses, los
italianos, etcétera; aun nosotros mismos, ¡los
argentinos! Pensamos, qué suerte, qué prodigio,
pertenecer a este país que produjo esta literatura, el
tango, el dulce de leche, el poncho de vicuña; este país
de escritores y de caballos, ¡de argentinas!, de inmensa
llanura, de don Bartolo, don Bernardo, don Vicente,
don Carlos, don Julio, don Faustino... El que tiene una
casa modesta, difícilmente diferenciable de las que la
rodean, encuentra en ella infinidad de motivos de
orgullo: "¿Ve este mármol? El arquitecto eligió
personalmente las lajas y las numeró; las vetas se siguen
de una laja a otra. La moldura en el frente, donde las
otras casas tienen una simple raya blanca, es cara, pero
da otro aspecto". Etcétera.
Adolfo Bioy Casares

* agilizar
¡Yo sé bien, sí (...); lo que se necesita para mover los
asuntos, son recomendaciones, cartitas, empeños... *y
aceite para la máquina*!
Fray Mocho

* agraciados
La tarde de ayer lunes fue espléndida. Sobre todo para
la gente que nada tenía que hacer.
Roberto Arlt

* agradecido
En mis 10 años de exilio no he hecho mucho por el peronismo porque mis enemigos lo han hecho todo.
Juan Domingo Perón; citado por Herbert Klein

* agregados
A mí no me va eso del nirvana o los jardines con minas tocando la flauta. A los dos días ya te querés cortar las pelotas. Al Cielo le pondría canchitas y un par de bares, porque en el bar estás en tu casa y a la vez estás balconeando la calle.
Roberto Fontanarrosa

* ajuste
"Hipótesis de trabajo"… Es la gran tanga para decir que una cosa que se anuncia, se hará cuando los sapos tengan plumas…
(…) Y yo, como soy ñandú viejo, sé que si un funcionario habla de treinta años, es que seguro van a pasar cincuenta.
Tato Bores

* alargue
Nacer. Casarse. ¡Ni hablar de divorciarse! Enfermarse. Comprar. Vender. (…) Si a uno le descontaran como en los partidos de fútbol, poco antes de morir, el tiempo perdido en trámites, todos disfrutaríamos de un buen alargue.
Rodolfo Livingston

* alegato
Se dice de mí que escribo mal. Es posible. De cualquier modo no tendría dificultad en citar a numerosa gente que escribe bien y a quienes únicamente leen correctos miembros de su familia.
Roberto Arlt

* alegría
El arte de nuestros enemigos es desmoralizar, entristecer a los pueblos. Los pueblos deprimidos no vencen. Por eso venimos a combatir por el país alegremente. Nada se puede hacer con la tristeza.
Arturo Jauretche

* aliados
La memoria es una gran aliada de la vejez. El olvido, también.
Julio Llinás

* aliento
No te amilanés por esa pavada... Seguí mi consejo; enderezáte. A juerza de tiempo y caña, las penas se olvidan...
Enrique González Tuñón

* alternativa
Podemos (...) dedicarle un estudio feminista a Hernández y otro a Borges, y otro a los letristas de tango, e inclusive a Ulyses Petit de Murat. No para intentar mellar la solidez de sus obras sino para verlas

bajo otra luz. No para desconocerlos sino para conocernos mejor, para reconstruirnos, las mujeres, a través de tantas ausencias, tanto desdén, tanto monopolio de varones cuchilleros, sordos, solos y prepotentes. Para emanciparnos de vetustos prejuicios, de espejos mentirosos pero archiinstitucionalizados.
María Elena Walsh

* ambidiestros
Los intelectuales argentinos suben al caballo por la izquierda y bajan por la derecha.
Arturo Jauretche

* ambigüedad
(...) el almacenero de mi barrio para decirme que no sabe alguna cosa, me dice que le crea, que si me dijera la verdad me miente.
Carlos Maria Caron

* ambivalente
Hay maneras de querer, que también son de joder.
Adolfo Bioy Casares

* ambulantes
En general, los argentinos se consideran desterrados (me refiero a los porteños y especialmente a las porteñas de las capas elevadas de la sociedad); quizá haya en nosotros nostalgia de la tierra de nuestros abuelos; quizá nuestro ser puje por recobrar las raíces europeas, hace apenas un siglo arrancadas de cuajo. La angustia del destierro asoma en cada frase: se envidia al

que pudo regresar al terruño, a la lejana patria espiritual. Esta es la oficina; Europa es el hogar, y se sueña con regresar a él.
Silvina Bullrich

* amenazadoras
Hay enfermedades que quitan la vida. Aunque no maten.
José Narosky

* amigo
Un amigo es alguien que si un día viene y te dice entusiasmado acabo de ver una película iraní, vos podés contestarle sin mayores miramientos: no me empieces a romper las pelotas. Eso es un amigo.
Roberto Fontanarrosa

* amnesia
Aquí el socialismo no progresa, porque el hombre más exaltado y de ideas más arraigadas, en cuanto consigue su terreno, echa raíces en su solar y no se acuerda de las prédicas.
Santiago Rusiñol, 1910, impresiones de Argentina

* ampliación
Plantar un árbol, tener un hijo, escribir un libro. Plantar un árbol, está bien; tener un hijo, estupendo; pero la sentencia dice: "escribir", no dice publicar. Además dice: "un libro", no catorce.
Isidoro Blaisten

* angustia
Confieso que tuve un sueño atroz: que mi hijo no era de Boca. Pero temí que la realidad me reservara una pesadilla peor. Que algo (un amigo, un pariente, un famoso, algún malo, lo malo mismo, el propio mal) lo hiciera hincha de River.
Martín Kohan

* antecedente
El tango tiene todos los ingredientes de la ópera italiana; el varón que llora, esa es nuestra ópera italiana, sus hombres abandonados. Generalmente uno piensa que las mujeres lloran. ¡Nada de eso! Los hombres lloran. Eso es barroco puro, lamentos.
Leonardo García Alarcón; entrevista de María Laura Avignolo

* antigüedades
A veces es mejor no mirar para atrás y ver todo lo que hemos dejado, para no convertirnos en una estatua de sal. Sobre todo, porque el leguaje descubre la edad que tenemos. Si un señor le dice hoy a una chica "estás un kilo", ya sabemos cuántas canas peina, si todavía peina alguna.
Isidoro Blaisten

* apechugar
La vida es un quilombo pero uno lo va regenteando.
César Fernández Moreno

* apertura

Claro que la dictadura fue tremenda y que la democracia, con todos sus errores, es el más maravilloso de todos los sistemas. Incluso, porque permite que vivan en él hasta a aquellos que no les gusta la democracia, cosa que no pasa en la dictadura. La gente que dice eso de que "estábamos mejor con los milicos", puede vivir en democracia. Si en la dictadura hubiéramos dicho que "estábamos mejor sin los milicos", nos hubieran secuestrado. La democracia es tan generosa que contiene hasta a los que no les gusta la democracia. La democracia es el sistema político más fértil para todas las libertades de pensamiento.

Gabriel Rolón

* apreciación

Aristóteles decía que la virtud está en el justo medio. Muchas veces quien está en el justo medio no es más que un mediocre.

Isidoro Blaisten

* apropiación

El hombre que sea hombre, y no chorizo, ni mortadela, tiene que concluir haciendo suyos sus propios errores. No pedirlos prestados. Por lo menos desde los 25 años en más.

Dante Panzeri

* aproximaciones

(…) a las muertes de conocidos [Ulises Dumont] las recibía así: "Balas, balas que pican cerca".

Rodolfo Braseli

* arcaico
Yo nunca hice tareas de mujer. Hacer la cama, lavar los platos. Donde el hombre empieza a hacer la cama, todo se va degenerando.
José Alberto Samid; citado por Leila Guerriero

* ardidos
Tocan otras músicas para que se cierren las heridas, pero el tango toca y canta para que se abran, para que sigan abiertas, para recordarlas, para meter el dedo en ellas y abrirlas al sesgo.
Ramón Gómez de la Serna; citado por Antonio Pau

* argentinísimo
Si mil veces tuviera que elegir, mil veces elegiría nacer de nuevo en las costas de mi tierra, crecer entre sus ríos, atender al rumor dulce de su pausado crecimiento. Si mil veces tuviera que elegir, mil veces elegiría escuchar los modos de su voz, ver los matices de sus rostros, seguir conmovido el vuelo de sus pájaros. Si mil veces tuviera que elegir, mil veces sacaría de mí los cantos que en su silencio sus diferentes causas me producen. Si mil veces tuviera que elegir, mil veces bajaría mi cara al suelo para distinguir, en un latido de planicie, el eterno son nativo de sus generaciones. Si mil veces tuviera que elegir, mil veces elegiría la suerte múltiple de ser mil veces argentino.
Eduardo Mallea, epílogo de una reedición en 1960 de su libro *La vida blanca*

* argüir
La rosa tiene espinas, pero… ¿Tiene pétalos el atún?
Roberto Fontanarrosa

* arranque
Hay frases iniciales de tangos que han pasado a ser de
dominio público, se han convertido casi en refranes.
¿Quién ignora el comienzo: *Percanta que me amuraste*; o
aquel otro *Como con bronca y junando*; o el ya proverbial
¿Te acordás, hermano, qué tiempos aquellos? ¿Quién ignora el
famoso *Rechiflao en mi tristeza* que se ha hecho como
carne, así como las otras frases, en el lenguaje popular?
Tulio Carella

* arrepentimiento
(…) si un escritor ateo puede hablar de pecados, el mío
fue no aprender inglés para leer a Shakespeare en su
idioma y que eso sí lo lamento.
Andrés Rivera

* arribismo
(…) a algunas alturas se asciende bajando.
José Narosky

* asesino
(…) y el que mata un sueño tiene dos mil años de cárcel,
por lo menos; sin libertad condicional y sin abogado
cerca.
Atahualpa Yupanqui

* asesorías

En este país hasta los frustrados le dan consejo a los exitosos…

Tato Bores

* asociación

¿Por qué, a veces, sentimos una tristeza parecida a la de un par de medias tiradas en un rincón?

Oliverio Girondo

* atenuante

(…) Es esto cuanto tengo que decir a usted sobre el particular, pidiéndole disculpa si ocupé su atención más tiempo del necesario. No tuve tiempo de escribir más corto.

Bartolomé Mitre y Vedia

* atributos

En el concepto de todo ciudadano respetuoso de los derechos de la fiaca, porque también la fiaca tiene sus derechos según los sociólogos, el café desempeña un lugar prominente en la civilización de los pueblos. Cuanto más aficionada es a tirarse a la bartola una raza, mejores y más suntuosas cafeterías tendrá en sus urbes. Es una ley psicológica y no hay qué hacerle: así baten los sabios.

Roberto Arlt, 1930; citado por Gustavo Pacheco

* ausentes

Fueron tantos los ausentes que si llega a faltar uno más no cabe.

Macedonio Fernández

* austero
El lujo es una guarangada.
Jorge Luis Borges

* autocontrol
El equipo argentino no me entusiasma, pero rara vez me entusiasma un equipo argentino, por una cuestión de temperamento nacional: mejor esperar lo peor para disfrutar lo mejor.
Mariana Enriquez, previo al Mundial de Rusia 2018

* autodescalificación
Carezco de vocación y aptitudes para el periodismo (...)
Nunca podré escribir precipitación pluvial por lluvia, como es de rigor, ni contar que en el crimen que se produjo por cuestiones del momento, el asesino extrajo un revólver de entre sus ropas, pues no me cabe en la cabeza -mal conformada, indudablemente- que alguien pueda suponer que lo sacó de un cofre rococó que le llevaba un paje en un cojín de seda carmesí, pongo por caso; (...) ni supongo a todos los accidentados, sin distinción de credos políticos o religiosos, tan cultiparlantes y retocados de idioma, que se resisten a entrar en un hospital corriente y moliente y hay que llevarlos a un nosocomio; tampoco puedo imaginar a nadie caído en un determinado decúbito y no de bruces, de espaldas o sentado, que es tan gracioso. No. Nunca pude aprender los complicados tecnicismos del oficio.
Conrado Nalé Roxlo

* autoedición

Pensá en los pobres que estampan al pie esta infamia: Edición del autor. Ellos creen que desafían al mundo (…) No te imaginás lo terrible de la situación del pobre poeta que después de haber escrito y limado y pulido sus versos quiere —sin lucro alguno— dar su mensaje al mundo, enriquecer la tierra, dotar de alas la imaginación de los hombres. Va a la imprenta y encarga la edición que paga de su peculio; descubrirá a los ojos atónitos de los mortales la inmortalidad de la belleza. La edición resulta cara, el papel no es el convenido, tiene errores que no figuraban en la última prueba de página: el libro es feo, lo impresiona mal; pero igual debe abonar el precio estipulado. Sale a recorrer librerías y nadie se lo compra. Se decide al fin por dejarlos en consignación y nadie se los acepta. Quiere regalarlos y el librero le declara que no aceptan libros en esas condiciones. ¿En qué condiciones los aceptarían? No, mire, tartamudea el librero, no trabajamos este tipo de libros. Lo envía a los diarios y no se lo comentan. Tiene su habitación llena de libros y no sabe qué hacer con ellos. Quiere decir su sí o no al mundo, pero a nadie le interesa.
Héctor Yánover

* autopercepción

Se trata de una completa y abarcadora encuesta nacional realizada por la consultora Graciela Römer y asociados, que permite radiografiar desde los más diversos ángulos a los argentinos que se aprestan a celebrar este nuevo bicentenario. (…)

Sin concesiones, los argentinos trazan un perfil de sí mismos que los define como individualistas, autoritarios, intolerantes y transgresores de las normas; describen a la sociedad como poco educada, dividida e injusta (…)
Silvia Fesquet, 2016

* autosacrificio
Publicar es arrojarse a los perros.
Roberto Arlt; citado por Jorge Lanata

* avisado
"Nunca confiés en una mujer que baila con los ojos abiertos", le oí decir a mi padre.
Edgardo Cozarinsky

* aviso
No es por nada, pero en este planeta no hay nadie que tenga la manija a perpetuidad…
Tato Bores

* bálsamo
(…) si no tuviéramos el consuelo de comentarla, la vida sería más dura. Los comentadores tenemos esa suerte de ocupar nuestro pensamiento, que con la imaginación, la crítica, la ironía y el patetismo nos da siempre otros jardines para pasear y estar tranquilos.
Adolfo Bioy Casares; entrevista de Jorge Urien Berri

* bandoneón
Hay un momento en que al bandoneón parece que se le cae una pila de libros que ha podido abarcar con las dos manos.
Ramón Gómez de la Serna

* barroquismo
"Hoy usás ajuar de seda / con florcitas rococó", canta Celedonio Flores en su tango "Margot". Un barroco en dos por cuatro.
Héctor Zimmerman

* base
Mi vida entera fue mirar para adelante. Atrás no es mi jurisdicción, me declaro incompetente.
Juan José Campanella, *El secreto de tus ojos*

* bastión
El teatro de arte es siempre rebelde. Y por eso es siempre político. Cuando le toca, le pone el pecho al autoritarismo; en tiempos de bonanza institucional se enfrenta al mercantilismo, a la banalidad y al mal gusto.

Y en todos los casos necesita romper con las modas. Es decir, hace política.
Roberto "Tito" Cossa

* beneficios
El fútbol tiene la significación de una guerra sin muertos, pero con conflicto. Con drama, reflexión e ironía. Y amalgama a la familia, cosa que no consigue la política.
Osvaldo Soriano

* beneficioso
Aquí hubo un hecho que parece desfavorable, y sin embargo es bueno, y es la indiferencia de la mayoría de los argentinos por la literatura. Ahora, eso tiene un lado malo, porque el escritor se siente solitario. Pero tiene un lado bueno, porque nadie escribe para el público. En otros países dicen: el escritor se prostituye. Pero aquí aunque quisiera prostituirse no podría.
Jorge Luis Borges; citado por Luis Harss

* bodrio
Sopa o guiso hecho con sobras, mendrugos, verduras y legumbres que solía darse a los pobres en las puertas de algunos conventos. Igualmente, guiso mal aderezado. Sangre de cerdo mezclada con cebollas para embutir morcillas. El lunfardo tomó estas definiciones y las concentró para calificar algo malo, de mal gusto, de mala calidad, un mamarracho.
Luis Melnik

* bohemios

Ellos solos, con su voluntad a contracorriente (…), menospreciados por la gente práctica, considerados pobres bohemios (…), hacen mucho más por su patria que los que la llenan de banderas que el sol destiñe muy deprisa cuando las sacan demasiado a la calle en vez de guardarlas en su corazón.

Santiago Rusiñol, 1910, impresiones de Argentina

* bonanza

Los intelectuales de la generación del ochenta vivieron viajando: ellos comenzaron la peregrinación a París que había de ser de ritual hasta que las vacas valieran demasiado poco como para esos lujos.

Luis M. Baudizzone

* burlesco

En general, salvo excepciones, el humor en la Argentina, suele ser a costa del otro, para señalar contradicciones del otro, para mostrar los defectos del otro o para exponer su falta de encasillamiento en los parámetros de la supuesta normalidad del que tiene la palabra. Mucho más allá no va.

Ariel Schettini

* calefón
Argentinismo nacido allá por 1920 de la marca
comercial *Califont*. Probablemente formado a partir de
fons, fuente en latín, y el verbo *calere*, calderar. Discépolo
lo inmortalizó en el tango "Cambalache".
Héctor Zimmerman

* cambio
Es que la educación dejó de ser un trampolín (que
permitía el ascenso social) y se transformó en un
paracaídas. Cuando todos caen, todos quieren estudiar
más porque los que tienen el paracaídas más grande,
caen más lentamente. Porque el chico que tiene escuela
media puede ser repositor porque el que ya tiene
escuela básica no puede ser ni siquiera eso. Estudiar
siempre sirve; aun cuando no sirva para ascender, sirve
para no caer.
Daniel Filmus

* caminos
Existe la raza de aquellos que no llegan a las palabras
más que movidos por sus emociones, y la raza de los
que no llegan a las emociones más que movidos por las
palabras.
Victoria Ocampo

* cancha
Lo único que puede organizarse en fútbol es su
régimen anterior y posterior a los partidos. Lo que

ocurre en la cancha... lo organizan *las circunstancias y lo decide el imprevisto*.
Dante Panzeri

* cantidades
Atención porteños: me temo que en los tiempos que corren hay en Buenos Aires más salas destinadas al teatro de arte que pizzerías. No estoy tan seguro de que sea una buena noticia.
Roberto "Tito" Cossa

* cargada
(...) hija de la burla, hermana del chiste, prima de la sátira, pariente lejana de la ironía y concuñada del ridículo. (...) la palabra (un sustantivo) y su uso burlesco está extendida en todas las actividades y sectores sociales argentinos. Hete acá al asador denostado por sus propios amigos: "La próxima comprá carne de vaca, miserable".
Juan Bedoian

* caricaturizar
Analista: (...) Dotados de gran facilidad de silencio, generalmente no hablan mientras trabajan –incluso a veces escuchan- pero en cambio no dejan de hablar en todas las conferencias, debates y mesas redondas. (...) Seriamente preocupados por la perpetuación de su especie, muy a menudo se casan entre sí. "Psicoterapia de pareja", se justifican ante sus íntimos.
Dalmiro Sáenz

* cartelera

Cualquier día sábado de los meses de plena temporada, en Buenos Aires se presentan casi 300 espectáculos, entre teatro para niños, musicales, unipersonales, shows y toda la fauna de la morisqueta. Y esa lista registra sólo los espectáculos que aparecen en las carteleras de los grandes diarios. En cada barrio, en casas de familia, garajes o bares de mala muerte alguien se pone debajo de una luz y lanza su rutina ignota.

No hay en el mundo llamado occidental una ciudad con tanta vitalidad teatral. Y es más: la mayor parte de los espectáculos están basados en obras de autores argentinos.

Roberto "Tito" Cossa

* cascarita

La calle ofrece el territorio para perfeccionar el instinto, la inteligencia y la picardía. La casa es orden. El fútbol es más picardía que orden, es el arte de lo imprevisto.

Dante Panzeri; citado por Santiago Segurola

* casta

La "aristocracia del espíritu" en un país invadido por permanentes oleadas inmigratorias, es aquella que está fuertemente enraizada al país, a través de varias generaciones de criollos descendientes de los Padres de la Patria, herederos de virtudes ancestrales, elaboradas en un largo proceso como un vino añejo, y de las que carecen la inmensa mayoría, los hijos de inmigrantes incapaces de remontarse hasta las raíces de un árbol genealógico. El "espíritu de la aristocracia" es pues una

propiedad heredada e intransferible (...) De ahí el nominalismo de las clases burguesas, el fetichismo patronímico alrededor de ciertos apellidos.
Juan José Sebreli

* cavilación
Si Gardel viviera yo seguiría manejando un colectivo.
Roberto Goyeneche; citado por Federico Monjeau

* certeza
¡Hay vida en verano!
Mauro Libertella

* charla
¿Y qué es una buena conversación? Una serie de rodeos, avances, retrocesos y bifurcaciones inesperados. Pero nada hay en ella, si la conversación es buena de verdad, que deje la impresión de cosa deshilachada y caótica. Por lo contrario; los cabos sueltos se unen en graciosas lazadas; los colores se buscan por simpatía; los pájaros que parecían locos se posan en flexibles y fuertes ramas y nos queda la sensación de haber visto levantarse en el aire una construcción armoniosa, irreconstruible y efímera. Es decir, la definición más valedera de la vida.
Conrado Nalé Roxlo

* cíclico
Este es un país calesita, da vueltas y vueltas, parece que sale pero termina en el mismo lugar.
Martín Caparrós; citado por Carlos E. Cué

* claridad

(...) los golpistas tenían clara su ideología y estilo de vida: el contraalmirante Rial, numen del golpe de Estado del 55, sentenció con soberbia y brutalidad: "Recuerden que la Revolución Libertadora se hizo para que el hijo del barrendero muera barrendero".
Felipe Pigna; citado por Jorge Marrone

* clásico

-No hay nada más lindo que la familia unita.
Los Campanelli

* claudicar

Cuando no se tiene el coraje de vivir como se piensa, se termina por pensar como se vive.
Victoria Ocampo

* colaborador

- ¡No me diga que va a barrer, Pereyra! ¡La última tarea doméstica que hizo jué doblar una serviyeta!
Roberto Fontanarrosa, *Inodoro Pereyra*

* colegas

Los únicos que creen en las noticias de los diarios, dice mi padre, son los periodistas.
Ricardo Piglia

* colmo

Hemos llegado al colmo de la insensatez: lloramos al ver la TV y somos indiferentes al andar por la calle.
grafiti

* combinación

Es cierto: somos pura mezcla. De los españoles, se supone, heredamos cierto desprecio altivo por las leyes —la convicción de que están hechas para los demás— y el carácter solemne y levemente brusco; de sirios y judíos, se supone, ciertas maneras de la astucia y de la voluntad; de ingleses y alemanes, se supone, una apariencia de orden que es solo rigidez; de los primeros pobladores, se supone, una paciencia que nunca fue lo nuestro. Somos, de algún modo, todos ellos, pero los italianos se ven más, pesan más, y su influencia ha crecido mucho en la Argentina estas últimas décadas. (…) No quiero argumentar que haya, allí, ninguna relación de causa a efecto: jamás me permitiría por escrito tal chantada.
Martín Caparrós

* comienzos

Lo primero fue la parrilla, uno de los signos de identidad maravillosos de la Argentina tiene la edad del homínido que más se nos parece.
Ferran Adrià

* comparación

Las disputas de la izquierda argentina son como los perros de los mataderos: se pelean por las achuras, mientras el abastecedor se lleva la vaca.
Arturo Jauretche

* compases

(…) la primera comprobación del visitante a una milonga es que cada pareja baila con figuras que la

música parece dictarle. En la pista, rara vez los movimientos de una pareja coinciden con los de otra en un mismo momento de la música.
Edgardo Cozarinsky

* competencia
En la Argentina actual los únicos triunfos importantes de los políticos son los errores o los delitos de los políticos contrarios. Ganar es ver perder al otro: contar quién miente más, quién erra más, quién arruina más el país.
Martín Caparrós

* comprensible
No es ponerlo en difícil, (...) lo entrañable tiene que ser comprendido con las entrañas.
Rodolfo González Pacheco

* comprobación
Los ideales son la única forma de saber que estamos vivos.
Osvaldo Soriano

* condición
Cuando en un aviso clasificado se requiere "buena presencia", ¿a quién supones que se desea excluir?
Pacho O'Donnell

* condicional
Mi altura no es mala; depende del uso.
Macedonio Fernández

* confrontador

Creo que Martínez Estrada era un demoledor y que todo país necesita de un intelectual de ese estilo, alguien intransigente que no esté dispuesto a decir medias verdades, y que las dice abiertamente y sin tapujos, aún a riesgo de equivocarse. Pero en ese caso, la exageración o el despiste no son extravíos, sino riesgos que son inherentes al pensamiento libre.

Christian Ferrer; entrevista de Héctor Pavón

* conjetura

Precisamente Borges fue pionero en comentar un problema que iba a presentarse a muchos autores del siglo XX, (…) que si uno emula a un gigante literario del siglo anterior, al monumental Tolstoi, por ejemplo, quedaría siempre por debajo del monstruo y, por tanto, llevaría a cabo un esfuerzo tan titánico como inútil. Seguramente a causa de este problema, Borges no escribió nunca una novela. Hizo muy bien.

Enrique Vila-Matas

* consejo

¿Le preocupa el más allá?... póngase más acá.

grafiti

* contaminación

(...) hoy los especialistas aseguran que Argentina sufre de "contaminación legislativa": debido a las derogaciones y superposiciones acumuladas en 150 años, nadie sabe cuántas leyes están vigentes. De las casi 26.000 promulgadas en nuestra historia, se calcula

que sólo quedan en pie unas 4.000; y de los ochenta mil decretos ha sobrevivido poco más de la mitad. Con un agregado curioso: de las casi 1.800 leyes sancionadas por la última dictadura militar, están vigentes al menos unas quinientas.
Jorge Lanata, 2004

* contemporáneos
Nada sé de la literatura argentina actual. Hace tiempo que mis contemporáneos son los griegos.
Jorge Luis Borges; citado por Esteban Peicovich

* contracaras
(…) creer que todo lo que nos pasa es la justa o equitativa respuesta a lo que somos o hacemos (o dejamos de hacer), es una ilusión. (…) Como contracara de lo anterior también debemos decir que constituye una ilusión peligrosa creer que hagamos lo que hagamos, todo seguirá siendo siempre igual.
Rolando Martiñá

* contraindicación
Tengo muchos amigos (…). Pero como leí hace días, "el peligro de vivir demasiado es que no tenés a nadie que vaya después a tu entierro".
Carlos Alonso; entrevista de Eduardo Villar

* convencedores
Nuestros donjuanes clásicos fueron casi todos miembros del parlamento. De lo que se deduce que

sabían convencer al pueblo elector tanto como a las mujeres amadas.
Francisco García Jiménez

* convicción
(…) y aunque yo me muera con los dientes clavados a un sueño, pertenezco al mundo de los que pelearon y perdieron.
Andrés Rivera

* corcho
El hombre corcho, el hombre que nunca se hunde, sean cuales sean los acontecimientos turbios en que está mezclado, es el tipo más interesante de la fauna de los pilletes. Y quizá también el más inteligente y el más peligroso. (...)
Allí donde otro pobre diablo se habría hundido para siempre en la cárcel, en el deshonor y la ignominia, el ciudadano Corcho encontró la triquiñuela de la ley, la escapatoria del código, la falta de un procedimiento que anulaba todo lo actuado (…) El caso es que se salvó "sin que el proceso afectara su buen nombre ni su honor". Ahora sería interesante establecer si un proceso puede afectar lo que un hombre no tiene.
Roberto Arlt

* cortina
En las familias se hablaba poco de ciertas cosas importantes. Lo que pasó durante la inmigración quedaba atrás; cortina y a otra cosa. (…) Historias que pasan en la mayoría de las familias, zonas que no se

tocan… No sé, el secreto familiar siempre anda por ahí. Que si una tía fue borracha, que si otra se escapó con un tipo…
Juan Gelman; citado por Rodolfo Braceli

* cosecha
(…) se ha hecho la siembra del disparate (…)
Arturo Jauretche

* costosa
(…) la Argentina es una enferma grave que ni se cura ni se muere, y que le cuesta un dineral a la familia.
Ezequiel Martínez Estrada; citado por Christian Ferrer

* costumbre
Últimamente se ha impuesto entre nosotros un subgénero de la ensayística que podríamos llamar comparación en detrimento propio. (…) La clave del citado subgénero es analizar lo que pasa en cualquier otro lugar del mundo, en cualquier área del quehacer humano, comparar lo que ocurre aquí con lo que ocurre allí e, inevitablemente, llegar a una conclusión lapidaria. No hay nadie mejor que los argentinos para autodenigrarse, pero eso no debería ser un motivo de orgullo.
Hugo Caligaris

* cotejo
Si uno compara la Argentina que quisimos cambiar hace 50 años con esta, aquella era mucho mejor. En ese

momento había un índice de pobreza del 3%, ahora del 30%.
Martín Caparrós, 2017; citado por Carlos E. Cué

* credulidad
Las formas del no hacer y del especular sobre un juego de pasivos prestigios crecen día tras día en la Argentina. (…) Se piensa con rumores, con versiones; en ningún país del mundo se amoneda como aquí la última versión, que corre -por ilógica o absurda o incalculablemente irreal que pueda ser- no examinada, veloz, incontrastable. Échese a correr aquí un rumor cualquiera -político, social, literario- y será vertiginosamente pasado de mano en mano, sin que nadie se detenga a disociarlo o pensarlo. Ese eco cobrará de inmediato categoría de juicio.
Eduardo Mallea, en los cuarentas del siglo XX

* crédulos
Hasta llegamos a creer, de tanto en tanto, que nuestra historia es una sola.
Martín Caparrós

* críticos
(…) la desconfianza, que es nuestra coraza defensiva frente a la mentira organizada. Se desconfía de todo lo que pinta demasiado bien. Así, "hasta el santo desconfía cuando la limosna es grande", es nuestra norma defensiva, nuestra guardia, la guardia de la inocencia frente a la malicia, que nos "facilita" para descubrir la verdad y gracias a la cual ni la prensa, ni el

libro, ni la universidad, ni la escuela, ni la radio, ni la televisión han podido engañarnos cuando se trata de la cuestión de fondo.
Arturo Jauretche

* cuentas
Vida y muerte le han faltado a mi vida. (...) Pocas cosas me han ocurrido y muchas he leído.
Jorge Luis Borges; citado por Luis Harss

* cuestión
Las tareas benéficas suelen ser ridiculizadas, no por su supuesta inoperancia, sino precisamente porque las realizan mujeres ("señoras gordas") a veces con dinero ajeno y cierta dosis de frivolidad. Sin embargo nadie puede negar que con ellas suplen la insensibilidad de los "señores gordos" en cuyas manos estaría el reparto de justicia que obviaría la dádiva, y a ellas dedican muchas mujeres su fervor y su tiempo. Pero, como dijo la insigne Doris Lessing: "El tiempo de las mujeres nunca es oro".
María Elena Walsh

* cuestionamientos
¿Qué hay del Foucault argentino? ¿Acaso hay otro filósofo más leído por aquí? Al menos es el más comprado porque no falta en una biblioteca que se precie de tal. Se puede fantasear con un Foucault analizando la Argentina. ¿Qué diría de nosotros? (...) ¿Qué diría Foucault de nuestra sociedad tan psicoanalizada y a la vez tan medicalizada? ¿Qué diría

de una sociedad que oscila hacia uno y otro polo como si fueran respuestas muy distintas a un mismo interrogante? ¿Qué diría de una sociedad paralizada desde hace décadas que vive de su pasado, sea para condenarlo como abyecto o entronizarlo como edad de oro y donde todos los días de a cientos, de a miles, miles de miles, se tira en divanes a ensoñarse con una vida mejor que nunca llega?

Santiago Bardotti

* curioso

La Argentina es un país donde, si te vas de viaje veinte días, al volver cambió todo, y si te vas de viaje veinte años, al volver no cambió nada.

autor desconocido

* decidido
Se aprende más en la derrota que en la victoria, pero…
¡Prefiero esa ignorancia!
Roberto Fontanarrosa

* decisiones
(…) si a mí me hubiese preocupado la opinión, la carrera, el prestigio, hubiera llevado una vida muy desgraciada.
María Elena Walsh; entrevista de Ezequiel Martínez

* declaración
El éxito es deformante, relaja, engaña, nos vuelve peores, nos ayuda a enamorarnos excesivamente de nosotros mismos. El fracaso es todo lo contrario, es formativo, nos vuelve sólidos, nos acerca a las convicciones, nos vuelve coherentes
Marcelo Bielsa.

* declinar
Yo no tengo ni deseo tener sangre de estatua.
Oliverio Girondo

* deducción
Mi universidad fue la calle, por eso soy un adoquín.
Roberto Fontanarrosa; citado por Gustavo "Maca" Wojciechowski

* defensor
La historia lo juzgará. Pero tiene el mejor de los abogados: el olvido.
Roberto Fontanarrosa

* deferencia
El fútbol (…) es una pasión que puede dar espectáculo. Pero no puede ser espectáculo sin pasión. Da espectáculo con pasión, si hay técnica y belleza y juego (técnica la individual, belleza la coordinación). (…) El profesionalismo exige separar sentimientos. Pero sin sentimiento no puede haber profesión. (…) a la que hace honor el jugador que concreta un gol por gran jugada de un compañero y corre a abrazarlo diciéndole: *Me daba vergüenza hacerlo; el gol era tuyo.*
Dante Panzeri

* definición
Enrique Santos Discépolo definió el tango como "un sentimiento triste que se baila". También podría decirse que es una canción que se entona para no llorar. Como dice Carlos Gardel en la *Milonga sentimental.*
Antonio Pau

* delimitar
Las palabras son como el aire: son de todo el mundo. El problema no es la palabra sino el tono, el conjunto del que forma parte, a dónde va esa palabra, en compañía de quién. Claro que asesinos y asesinados usan las mismas palabras, pero yo no leí nunca en los epítetos policiales la palabra utopía, ni belleza, ni

ternura. ¿Usted sabe que la dictadura militar argentina quemó *El Principito*? Y yo le doy la razón. No porque no ame a *El Principito* sino porque es un libro tan lleno de ternura que daña a cualquier dictadura.
Juan Gelman

* demarcar
Vago no soy, quizá algo tímido para el esfuerzo.
Roberto Fontanarrosa, *Inodoro Pereyra*

* denigración
El trabajo estaba muy desprestigiado en la familia en la rama materna, que fue la que siempre dio el tono a nuestra vida. Se lo consideraba una actitud plebeya y vulgar; sólo se hacía excepción de la diplomacia, la política y el periodismo.
Conrado Nalé Roxlo

* derecho
Es bueno equivocarse de vez en cuando. Me apena el hombre que no se equivoca jamás. Seguiré equivocándome el resto de mis días.
Enrique González Tuñón

* desacelere
(…) más despacio, que no es vals.
Edmundo Rivero

* desaconsejable
La personalidad de un escritor está tejida por muchos hilos visibles e invisibles de los que no conviene tirar

con demasiada fuerza, pues se corre el peligro de rasgar la tela y mostrar los secretos de la trama, con lo que se pasa insensiblemente de la literatura a la psicología, error que no por muy difundido, deja de ser menos vicioso.
Conrado Nalé Roxlo

* desafortunado
¡Qué suerte tengo para la desgracia!
José Biondi

* desamparo
Lo esencial es indefinible. ¿Cómo definir el color amarillo, el amor, la patria, el sabor del café? ¿Cómo definir a una persona que queremos? No se puede.
Jorge Luis Borges

* desaprendizajes
Yo tengo la impresión de que el gran salto, por lo menos para varias generaciones que vivimos la dictadura e hicimos el pasaje, fue que tuvimos que aprender a confiar. Y aprender a pensar que teníamos derechos.
Rubén Szuchmacher; entrevista de Juan Manuel Bordón

* desaprovechado
Palermo es el paraíso deshabitado de los porteños. (…) El pueblo no se llega jamás a Palermo; su sol antirraquítico no alcanza la piel de los niños pequeños, ni sus flores fijan el buen gusto en la retina de los

adolescentes: el paseo queda como una sala suntuosa en una casa burguesa, a la que se destina la mejor habitación pero a la que no se entra sino en circunstancia emperifollada y extraordinaria.
Florencio Escardó, 1945

* desarrollo
Apenas empezó la democracia, dije que habíamos pasado a primer grado. Y creo que era sólo primer grado porque había una idea ilusa de que la democracia por sí sola resolvía los problemas. Después de tanto autoritarismo, la gente no se daba cuenta de que democracia significaba compromiso, participación, trabajo. Me parece que ahora eso se empezó a ver y yo diría que nos estamos poniendo los pantalones largos, algo así como la entrada en la pubertad.
María Elena Walsh

* desautorizadas
(...) lista de palabras cuya acepción diaria aún no ha sido legitimada por la Academia: *achatarse*, amilanarse; *afilar*, enamorar; *alacranear*, hablar mal del prójimo; *amarrete*, cicatero; *amigazo*, gran amigo; *bañadera*, bañera; *bartolero*, inexperto; *bodrio*, mamarracho; *cachar*, burlar; *cachafaz*, pícaro; *cafetear*, amonestar; *cafetín*, establecimiento de bebidas de ínfima categoría; *colorinche*, color muy subido; *compadrito*, bravucón; *diarero*, vendedor de diarios; *engrupir*, engañar; *escoba*, juego de naipes; *fumista*, embaucador; *garronear*, aprovechar; *garufa*, diversión; *metejón*, amorío; *poligrillo*, andrajoso; *hincha*, partidario entusiasta; *idioso*, maniático; *lavatorio*, lavabo; *loquero*, algazara; *macanudo*, estu-

pendo; *quiniela*, apuesta de las últimas cifras de la lotería; *matufia*, engaño; *mosquerío*, mosquero; *palangana*, jactancioso; *pato*, carente de recursos; *pichinchero*, ventajero; *pinta*, prestancia; *porra*, cabellera abundante; *teclear*, peligrar.
José Edmundo Clemente, 1965

* desborde
La crónica roja se ha convertido en crónica cotidiana desbordando los límites del género y ubicándose en los lugares periodísticos de la información general. Ya no hay página ni sección policial propiamente dicha, sino que esta noticia atraviesa todo el diario, radicándose más intensamente en algunas secciones y compitiendo en tapa.
Beatriz Sarlo

* descolorar
Ya no hay palabras prohibidas. Pero también existe el peligro de que se naturalicen. Roberto Fontanarrosa, años atrás, diferenciaba la fuerza de decirle a alguien tonto o calificarlo de pelotudo. Ocurre que ahora es pelotudo la que pierde fuerza. Si hasta hemos convertido el peor de los improperios –hijo de puta– en el mayor de los elogios.
Una pregunta, sólo una pregunta: ¿puede prosperar una comunidad que se queda sin insultos?
Roberto "Tito" Cossa

* desconfianza
Entre aquello que necesitaría el país para mejorar, un 60% de los encuestados piensa que la honestidad

ocupa el lugar principal. Sólo uno de cada tres ciudadanos de este país tendría como socio a un compatriota. La desconfianza, ligada al reclamo imperativo de mayor honestidad para poder estar juntos, remite a la sensación de que en la Argentina el semejante no nos tendrá en cuenta en su proyecto personal, que el bienestar de otro argentino no figura en nuestros planes.
José Eduardo Abadi – Diego Mileo

* desconocidos
(…) nadie sabe jamás lo que realmente le está sucediendo.
Ricardo Piglia

* descreído
Nunca creí en las "misiones" de los escritores, y entiendo que el escritor trabaja por las mismas razones hedónicas que el opiómano enciende la pipa o el violinista toca Bach.
Julio Cortázar

* desdemocratización
Sin ilusión, la democracia es esto: partidos depreciados y en crisis, militancias burocráticas, desigualdad. Las capas medias viven la era del desencanto y los pobres confían, quizá sin esperanza, en el Estado. Algo no funciona. Después de treinta años hay una promesa incumplida.
Beatriz Sarlo, 2013

* desencuentro

La vida es muy inexplicable… tenemos una conciencia, tenemos sueños, tenemos una verdadera vocación de inmortalidad y el cuerpo tiene una verdadera vocación de mortalidad y está continuamente mostrándonos nuestra decadencia, cómo nos vamos deshaciendo y perdiendo.
Adolfo Bioy Casares; entrevista de Jorge Urien Berri

* deseo

Como dice el maestro, "la amistad es una pasión argentina". Y el porteño se une afectivamente con los demás. Si por casualidad compra el diario en otro quiosco, da vuelta a la manzana para que "su" diariero no lo vea. Ojalá que nunca se pierda esta íntima vergüenza del porteño, esta finura del alma.
Isidoro Blaisten

* desesperanza

Para encontrar la salida a las tragedias argentinas deberíamos conocer el mapa de la cárcel donde estamos confinados. Si lo tuviéramos, podríamos matar al gendarme. Pero no hay mapas. Quizás ni siquiera hay gendarmes. Todo lo que nos queda es sentarnos a la puerta de nuestra celda y ponernos a llorar.
Ezequiel Martínez Estrada; citado por Jorge Lanata

* desgaste

Hoy vas a entrar en mi pasado
y hoy nuevas sendas tomaremos...
¡Qué grande ha sido nuestro amor!...
Y, sin embargo, ¡ay!,

mirá lo que quedó...
Enrique Cadícamo. "Los mareados"

* deshabitada
Mi amiga me dice: "No le encuentro historia a mi vida".
Adolfo Bioy Casares

* desmedidos
Los argentinos somos adictos a la necrofilia y al súbito ensalzamiento de los difuntos, que por el solo mérito de morir pasan a engrosar la categoría de los prohombres. (…)
A la hora de las despedidas (…) no hay límites y se puede caer en los disparates más absurdos. Se regalan elogios al mayoreo y personajes que no merecerían, en algunos casos, más que un "que en paz descanse" (…).
Orlando Juan Rígoli

* desparpajo
Ser corrupto tampoco está del todo mal, porque ahora muchos corruptos son tapa de revista, modelos para imitar. Usted, después de transpirar la camiseta como funcionario, ha logrado, con su modesto sueldo, adquirir una mansión. ¿Lo va a ocultar? ¿Se va a avergonzar? ¡Eso era antes! cuando ser chorro significaba una sanción moral. ¡Ahora no! Ahora ni bien se enteran, vienen de la revista "Tujes" a sacarle fotos a usted y a su familia sentados en la cama comprada gracias a sus afanes.
Tato Bores

* despecho

La visión del futuro trágico se precisa. E irrumpe entonces otra familia de letras: las que se refieren concretamente a la derrota de la *grela*. Cadícamo, en "Vieja Recoba", ensaya un ademán conmovido, lleno de conmiseración pesarosa:

Vieja recoba
rinconada de su vida
la encontré sola y perdida
como una muestra fatal.
La mala suerte
le jugó una carta brava
se le dio vuelta la taba,
la vejez la derrotó.
Vieja recoba, si vieras cuánto dolor.
Daniel Vidart

* despedida

A mí la muerte me preocupó siempre, siempre. Me da pena tener que irme. La vida me trató bien, con los dolores y padecimientos de todos... Vivir en este mundo ya es doloroso. Pero insisto, lo que más pena me da es dejar este mundo. Qué voy a hacerle, me gusta la vida.
Roberto "Tito" Cossa; citado por Rodolfo Braceli

* despertar

Es imposible vivir sin ilusiones, pero hay que saber que las ilusiones son historias imaginarias que uno se cuenta a sí mismo.
Ricardo Piglia

* desprotegidos

(…) le aseguro que en Martínez, Olivos y toda la zona pudiente, en cuanto cae el sol, la gente comienza a hacer funcionar las trancas, llaves de seguridad, trabex, y otras cosas, como locos… (…) Además, en casi todas las casas tienen unos perros que te morfan la cabeza de un solo tarascón… Así y todo, un amigo adiestró un dogo para que masticara ladrones… y le afanaron el dogo…

Y eso pasa en la zona donde está el pudienterío: diplomáticos, artistas con mucha tela… y todos los que tienen influencias en esta Villa del Cono Sur… ¡qué no va a pasar donde los que habitan son sólo habitantes!...

Tato Bores

* destiempo

La experiencia es como un peine que te dan, recién cuando te quedaste pelado.

Ringo Bonavena

* destino

Y así, sin tener nada que ver uno con el otro, se encontraron, porque acaso para eso andaban en este mundo.

Julio Cortázar

* desubicado

(…) cuando es necesario que se la ponga en juego, el porteño recurre a la ironía que toma forma de "cachada", para hacer sentir al otro que está fuera de armonía. Como no percibe que esa armonía es sólo la suya, sus juicios aparecen a menudo como impertinentes; pero en definitiva no pasan de la ubicación adjetiva: es un "pillado", es un "engrupido", es un "piantado"; porque le ofende que alguien se sienta por sobre el nivel humano corriente y accesible.

Detesta todo lo formalístico y aparatoso y nada lo distancia más de un hombre que la sospecha de que "se está mandando la parte".

Florencio Escardó

* desventaja

(...) en 1996 una encuesta de Gallup reveló que casi el 60% de los argentinos pensaba que una persona honesta no podía tener éxito en la Argentina.

Marcos Aguinis

* desvíos

Mejor lo hicieron nuestros mayores. El tono de su escritura fue el de su voz; su boca no fue la contradicción de su mano. Fueron argentinos con dignidad: su decirse criollos no fue una arrogancia orillera ni un malhumor. Escribieron el dialecto usual de sus días: ni recaer en españoles ni degenerar en malevos fue su apetencia. Pienso en Esteban Echeverría, en Domingo Faustino Sarmiento, en Vicente Fidel López, en Lucio V. Mansilla, en Eduardo Wilde. No precisaron disfrazarse de otros ni dragonear de recién venidos, para escribir. Hoy, esa naturalidad se gastó. Dos deliberaciones opuestas, la seudo plebeya y la seudo hispánica, dirigen las escrituras de ahora. El que no se aguaranga para escribir y se hace el peón de estancia o el matrero o el valentón, trata de

españolarse o asume un español gaseoso, abstraído, internacional, sin posibilidad de patria ninguna.
Jorge Luis Borges

* detalle
Como dice Manuel Estiarte, el jugador de wáter-polo más grande de todos los tiempos: "Es verdad, hay que calcular que las probabilidades de que Messi salga derrotado de un choque cuerpo a cuerpo son altas, como es alto el riesgo de que sea totalmente avasallado por los defensores. Pero con una sola condición… primero tienen que poder alcanzarlo".
Y de hecho nadie consigue seguirlo. El centro de gravedad es bajo, los defensores le obstaculizan el paso, pero él no se cae ni se mueve. Sigue corriendo, levanta la pelota con el pie, no se detiene, gambetea, salta, esquiva, escapa, tira. Es impredecible.
Roberto Saviano

* detallistas
La elegancia para la burguesía terrateniente argentina consiste en el culto de las cosas antiguas, que recuerden un pasado de esplendor, en un aire deliberadamente *demodé*, en cierto encanto decadente, en exhumar algún viejo atavío del arcón de los recuerdos que "evidencie un almacenado y rancio tesoro indumentario". Las clases inferiores, en cambio, como lo observa [Vance] Packard "no han entendido jamás la sutileza de honrar los objetos de largo uso. Quizá tienen demasiada experiencia en artículos de segunda mano".
Juan José Sebreli

* deterioro

(...) la pintura despiadada de la *deca* fue realizada por el poeta popular más representativo de la filosofía de la destrucción y del pesimismo. Enrique Santos Discépolo en su inolvidable tango "Esta noche me emborracho" nos ha legado esta pintura tremenda de la *garaba* venida a menos:

Sola, fané, descangallada,
la vi esta madrugada
salir del cabaret;
flaca, dos cuartas de cogote
y una percha en el escote
bajo la nuez;
chueca, vestida de pebeta,
teñida y coqueteando
su desnudez...
Parecía un gayo desplumao
mostrando al compadrear
el cuero picoteao...
Daniel Vidart

* deuda

Creo que parte de mi amor a la vida se lo debo a mi amor a los libros.
Adolfo Bioy Casares

* devaluadas

[Las mujeres realizan] los trabajos peor pagados y menos prestigiosos como el magisterio, la enfermería y la asistencia social, y los domésticos, que no consiguen la dignidad del salario ni la jerarquía del

reconocimiento que se le obsequia abundantemente a un deportista de cuarta o a un locutor analfabeto.
María Elena Walsh

* devolución
Las Leyes de Obediencia Debida y Punto Final en tanto leyes (...) instauraban (...) un fundamento jurídico en el funcionamiento de nuestra sociedad basado en la falta de responsabilidad. Eso quedó inscrito en nuestra historia. No se puede construir una sociedad sobre esa base. (...)
Un historiador estadounidense ha dicho que el antónimo de olvido es justicia. Me parece cierto y sin duda indispensable. Pero si tuviera que buscar una eficacia diría que hacerse cargo de las consecuencias de la tragedia es un acto que devuelve cierta dignidad a nuestro país.
Jorge Jinkis; entrevista de Carlos A. Maslaton

* diagnóstico
¿Sabe qué? No se ofenda, pero usted está cansado de llevarse puesto.
Osvaldo Soriano

* diario
Porque yo no sé cómo lo voy a hacer esta noche, no sé si me voy a acordar la letra. No sé si lo voy a hacer bien, peor o regular comparado con ayer. Que ayer haya salido correcto no quiere decir que hoy ya la tenemos resuelta.
Alfredo Alcón; entrevista de Diego Manso

* dicho
"Viejos son los trapos, antiguo es el abuelo", decía la abuela.
Pedro Luis Barcia

* diferencia
El pueblo en que nací, en el Oeste de Buenos Aires, era 30 años antes territorio indio, pero la escuela a la que concurrí ignoraba oficialmente a los ranqueles. Debo a Búffalo Bill y a las primeras películas de cowboys mi primera noticia de los indios americanos. ¡Esos eran indios!, y no estos ranqueles indignos de la enseñanza normalista.
Arturo Jauretche

* diferente
En los prólogos de los libros editados en países industrializados se comienza agradeciendo a las distintas universidades y organizaciones que colaboraron e hicieron posible la concreción de esas ideas, sin cuya ayuda no hubiesen jamás visto la luz. En los prólogos de los libros editados en los países subdesarrollados o en vías de desarrollo, se agradece a la mujer y a los hijos que aguantaron el stress que significó escuchar todas las noches el sonido de la máquina de escribir después de la jornada de trabajo y se comienza diciendo: "A pesar de las dificultades por las que atraviesa mi país..."
Héctor Yánover

* dilema
Tengo la impresión que el adjetivo macanudo está cayendo en desuso. Es una pena. Es una palabra simpática de nuestro lunfardo.

¿O no será que hay, cada vez, menos tipos macanudos?
Roberto "Tito" Cossa

* diligentes
También en política se prende fuego a la casa, para hacer luego de bombero…
Tato Bores

* diluirse
(…) el error que sobre su popularidad tienen, sin excepción, políticos y gobernantes. No hay uno solo que no haya sido ovacionado cinco días antes de ser olvidado. Y el olvido, es, en Buenos Aires, un hecho definitivo; no es ni siquiera el no recuerdo: es la no existencia, el desnacimiento, la reintegración a la nada.
Florencio Escardó

* dirección
La muerte nivela a güenos y malos, don Inodoro. Lo malo es que nivela pa' bajo.
Roberto Fontanarrosa, *Inodoro Pereyra*

* disconformidad
¿Qué es la vida normal? Vivir sin una aspiración, vegetar pasivamente. No tener jamás un sueño luminoso ni alumbrar la oscura existencia con un rayo de locura.
Enrique González Tuñón

* discriminación
La Argentina ha sido, y sigue siendo, uno de los países más abiertos del mundo a los inmigrantes. Pero un

informe de 2006 realizado en la Ciudad de Buenos Aires por el INADI (Instituto Nacional contra la Discriminación, la Xenofobia y el Racismo) indicó que 40,8% de la población afirma que los inmigrantes que vienen de países vecinos le quitan el trabajo a los locales, y 21% declaró que la Argentina debe ser solo para los argentinos.
Gustavo Ng

* discriminadores
Podría decirse que sobre discriminación no hay nada escrito: como en cuestiones de gusto, cada uno construye el objeto de su fascismo a la medida de sus sueños.
Carlos Belvedere

* disimulo
Eufemismo. "Lo encontré muy desmejorado". De mal aspecto.
Adolfo Bioy Casares

* disonancia
No comparto el dramatismo que acusa a la juventud de distraída, creo que los jóvenes tienen otro lenguaje y una ternura ausente en los adultos.
Leonardo Favio; entrevista de Alberto Farina

* disputa
Sin memoria no hay historia. Pero también sin historia no hay memoria. (...) la memoria es un campo de batalla.

Superar lo ocurrido es posible. Este es, por ejemplo, el objeto del psicoanálisis. Enfrentarse con el pasado para hacerlo justamente pasado. De lo contrario, es un presente inmóvil. Pero hacer del pasado un pasado no es olvidar. No es olvidando que se logra, sino recordando. (…)

Olvidar el pasado para encarar el futuro es un absurdo y, sin embargo, a ello nos convocan los pretendidos bien pensantes. La "buena voluntad" está animada de otra voluntad, la del ocultamiento. Por lo tanto, no es buena voluntad. "Por algo será", famosa frase que se les vuelve en contra. (…)

Los que hablan de olvido por algo quieren encubrir. Los que quieren recordar, en cambio, quieren superar el dolor, quieren justicia. Eso que no existió. Por supuesto que por algo será. Para que no se repita, para superar, justamente, lo pasado. El recuerdo es el primer capítulo del olvido. Para olvidar se necesita tener buena memoria, decía Martín Fierro.
Luis Felipe Noé

* distingo
(…) la ternura es una solidaridad sin juicio.
Florencio Escardó

* disyuntiva
Solo se puede elegir oxidarse o resistir.
Javier Martínez, en relación a la llegada de la vejez

* divergente
Yo no le quiero ganar a nadie, porque aquí nadie gana y nadie pierde. Sólo podemos agradecer haber conocido un beso, hay gente que se muere sin saberlo.
Leonardo Favio; entrevista de Alberto Farina

* diversos

Hablar de algo tan general como los argentinos con todas las diferencias socioculturales y hasta geográficas en las que se vive me resulta imposible. No se puede definir el humor de los argentinos. No nos ponemos de acuerdo en si tomamos mate dulce o amargo, si creemos en Dios o no, cómo vamos a llegar a cualquier definición.
Pedro Saborido

* doctorado

He sido un caminador toda mi vida. He vivido con los ojos abiertos y la oreja alerta. (…) Mi universidad fue en realidad el camino: allí me recibí de doctor en soledades y en muchas vivencias…
Atahualpa Yupanqui

* doméstico

(…) la visión del ojo de la cerradura del personal de servicio para quien no hay grandes hombres porque está acostumbrado a verlos en ropa interior.
Juan José Sebreli

* dos

Andábamos sin buscarnos pero sabiendo que andábamos para encontrarnos.
Julio Cortázar

* dosis

La clave la dio Edmundo Rivero -que no decía, en realidad, nada nuevo, pero él tenía autoridad para ratificarlo-: el tango no hay que cantarlo, hay que decirlo. (…)

Una voz caudalosa de cantante de ópera, ¿es apta para esa queja susurrada que es el tango? A esto hay que responder, probablemente, que no. Al tango le daña el exceso de voz. Habiendo estilo, basta con un canturreo -ha habido cantores de tango con una voz muy pobre, y otros que la han perdido sin perder con ello calidad interpretativa: las últimas grabaciones de Roberto Goyeneche son escalofriantes-…

Antonio Pau

* duda

Yo me hice amigo de mis sueños, cuando me voy a dormir me pregunto: "¿Qué darán esta noche en el cine de los sueños?" con eso casi no tengo pesadillas, vienen películas de viajes, de acción, policiales y a veces alguna porno…

Alfredo Moffatt

* editar

Cuando uno piensa en sí mismo e intenta reconstruir lo que ha vivido naturalmente, usa una forma narrativa y encadena los acontecimientos con una lógica causal, pero la vida no obedece a esas reglas y todo se da confusamente y al mismo tiempo.
Ricardo Piglia

* efecto

El comunismo es la consecuencia de los abusos del capitalismo.
Juan Domingo Perón; citado por Herbert Klein

* egresados

La fábrica de la universidad comenzó a producir un tipo argentino nefasto que se caracteriza por su sesuda y empacada ligereza. El sentido de los problemas, de la preocupación, del hondo celibato cívico a que todo hombre sincero debe retirarse antes de osar decir algo, desaparecieron de nuestra vida y apareció en su lugar la vanilocuencia, la peste del leguleyo, el político de profesión, el balbuciente enfático, el bien pensante común. La condición de señor desapareció de la metrópoli en forma incalculable, adoptando como sola forma de supervivencia las deformaciones implicadas en su diminutivo y en su aumentativo: el señorito y el señorón cobraron personalidad privativa de aquí.
Eduardo Mallea, en los cuarentas del siglo XX

* electoral
El ciudadano tiene la ilusión de que elige y sólo se limita a escoger entre la reducida lista que los financieros han decretado apta para el consumo popular.
Arturo Jauretche

* Ellas
(...) por algo las Madres fueron las que salieron al frente. Los padres [de hijas e hijos desaparecidos] tuvimos completamente otra relación con esa situación. (...) Pero se dio mucho eso de que los padres se quedaron masticando el dolor en silencio, paralizados, y fueron las madres las que salieron al frente. Y yo soy de esos padres, me quedé masticando el dolor, con la ilusión infantil de que con mi trabajo iba... iba a elaborar todo, que mi trabajo en la pintura iba a servir como para devolver golpe por golpe. Un gesto de inocencia. Pero no hice ninguna de las cosas que tenía que hacer. Y hay gente que hasta hoy sigue haciendo cosas por la verdad y la justicia.
Carlos Alonso; entrevista de Eduardo Villar

* elogio
García Márquez me dijo de él [Tomás Eloy Martínez] cuando se supo que había muerto, a principios de 2010: "Era el mejor de todos nosotros".
Juan Cruz Ruiz

* embrollados
Es equivocado sostener que la opinión pública argentina carece de todo principio y desconocer que

sus oscilaciones son relativamente constantes. La vinculación paradójica entre la Biblia y el calefón constituye una identidad compleja, históricamente variable pero asentada en la combinación de sentidos. Pese a la presencia activa de fundamentalismos, nuestra identidad se nutre más de la diferencia que de la esencia, y la médula de nuestro drama son las dificultades para acordar metodologías destinadas a ligar las heterogeneidades mediante vinculaciones productivas, antes que a convertirlas en antagonismos.
Adriana Puiggrós

* emocionado
Mis lágrimas más sinceras han sido convocadas por viejos violinistas, vendedores de poesías y recitadores que reciben la burla de los pajarones.
Alejandro Dolina

* empoderados
¿Lo que son estos de la policía, no?... Porque tienen pito ya se creen dueños del mundo...
Fray Mocho

* enrostrar
Yo no entiendo cómo se hizo tan popular el fútbol. Un deporte innoble, agresivo, desagradable y meramente comercial. Además, es un juego convencional, meramente convencional, que interesa menos como deporte que como generador de fanatismo. Lo único que interesa es el resultado final; yo creo que nadie disfruta con el juego en sí, que también es estéticamente horrible,

horrible y zonzo. Son, creo que once jugadores que corren detrás de una pelota para tratar de meterla en un arco. Algo absurdo, pueril, y esa calamidad, esa estupidez, apasiona a la gente. A mí me parece ridículo. (…) Yo creo que el haber impuesto el fútbol en el mundo es el peor crimen, el mayor crimen cometido por Inglaterra.
Jorge Luis Borges; citado por Roberto Alifano

* ensoñación
Hoy todo el mundo quiere ser músico (…) No sé, los tipos se levantan a la mañana y, mientras se afeitan, se miran al espejo y dicen: quiero ser músico. (…) Nadie dice: quiero estudiar algo que me lleva quince años. Sueñan "holgado" y quieren un camino corto.
Litto Nebbia

* entrañable
(…) una definición cortita y sencilla, que le escuché a mi tío Gabriel, mientras me alcanzaba un mate: "El amigo es uno mismo en el pellejo ajeno".
Atahualpa Yupanqui; citado por Bruno Passarelli

* entrometida
(…) hay una frase de Macedonio Fernández: "¿Quién cree que es esa entrometida, la realidad, para arruinarme la vida?". A mí la realidad no me va a arruinar la vida.
Facundo Cabral; citado por Leila Guerriero

* envejecimientos
Nos envejece más la cobardía que el tiempo, los años solo arrugan la piel, pero el miedo arruga el alma.
Facundo Cabral

* equipados
Los argentinos estamos mejor dotados para la amistad que para el amor y la familia.
Jorge Luis Borges

* equiparar
Yo moriría por vos. Vos, ¿vivirías por mi?
Silvina Ocampo

* escándalo
En la Argentina durante muchos años, la muerte de un niño o de un adolescente supo ser un escándalo. Ahora la sociedad lo toma como un efecto más de la vida contemporánea. La muerte dejó de horrorizarnos. Eso es muy grave, porque la muerte tiene que ser siempre un gran escándalo, y mucho más la muerte de los jóvenes, que invierte la ley natural.
Silvia Bleichmar

* escenario
Entre la tribuna de socios del Jockey y la popular se daba un intenso juego visual. Concebido como un educador de costumbres, sirvió para realzar la presencia pública de la élite y forjar representaciones sobre cuestiones referidas a poder y autoridad, sofisticación y elegancia. El hipódromo fue entonces el

gran teatro del poder de la Argentina oligárquica, donde se representaba una visión de la sociedad y donde muchos aprendieron la gramática de la diferencia social.
Roy Hora; citado por Ivanna Soto

* esclarecer
Taquero (comisario), se la deriva de *toco* (dinero), aludiendo a la participación exigida por funcionarios deshonestos, y de *taco* (taco de zapato) por la pintoresca costumbre de algunos comisarios de antaño, que, tras de recortarles la melena, humillaban a los delincuentes rebajándoles los tacos, que los usaban altos y compadres.
José Edmundo Clemente

* escritores
(…) en este país nadie lee: todo el mundo escribe.
Isidoro Blaisten

* escritura
La literatura argentina es una de las pocas en las que el género rey es el cuento y no la novela. Incluso sus grandes novelas como *Facundo*, *Sobre héroes y tumbas*, *Respiración artificial*, *Adán Buenosayres* y *Rayuela* son novelas muy cuentísticas. Para mí la más perfecta formalmente es la de Bioy Casares, *El sueño de los héroes*, que además es mi favorita y no deja de ser la historia de una novela que quiere acordarse de un cuento.
Rodrigo Fresán

* escucha
En Argentina hay tantos *psi* porque son los únicos que te escuchan durante media hora sin interrumpirte. Hay que pagar, sí, pero al menos te escuchan.
Maitena

* escudo
En la página 99 de la edición que tengo de *El oficio de vivir*, de Cesare Pavese, dice esto: "Nunca más deberás tomar en serio las cosas que no dependen sólo de ti. Como el amor, la amistad y la gloria". Compré ese libro a fines del año 1986, en una plaza de Buenos Aires, horas antes de subir a un ómnibus con rumbo a un pueblo llamado Londres, Catamarca. Desde entonces, no tomo en serio nada que no dependa de mí. Ni el amor, ni la amistad, y mucho menos esa cosa en la que no he pensado nunca: la gloria.
Esta forma del *no* es mi escudo perfecto: invisible.
Leila Guerriero

* escuela
Se lo digo francamente: tratando de asumir el pensamiento de Nietzsche, no sé para dónde agarrar.
Emilio Sampietro; citado por Adolfo Bioy Casares

* especie
Sabandija. Palabra que se endilga en la Argentina a toda clase de bichos molestos y dañinos, desde tábanos a roedores y serpientes. En sentido figurado designa a un tipo despreciable y traicionero. Suele aplicarse, también, con intención cariñosa a los chicos muy

traviesos. Viene, probablemente, del éuscaro *sanguardilla*, reptil pequeño.

Héctor Zimmerman

* espectadores

La "tristeza", la "indiferencia", el "fatalismo" -con sus típicas expresiones porteñas: "no te metas", "ir tirando", "agachar el lomo", "dejarse llevar", "total para qué", "qué se le va a hacer"- instituidos por apresurados intérpretes, en esencia, facultades o propiedades inherente al "alma nacional", no son al fin sino las reacciones sicológicas de una determinada clase social en una determinada circunstancia histórica. De una clase que no actúa, que no toma medidas, ni quiere comprometerse, que no se congrega en mítines, que se sienta a observar la vida como un espectáculo, desde la vereda de enfrente, acodada en el balcón, semioculta a la sombra de un zaguán, parada en una esquina, sentada a la mesa del café, indiferente y un poco aburrida; de una clase, en fin, que no quiere participar en la historia, que cree no participar y que participa, por lo tanto, a ciegas y sin saber lo que hace ni lo que quiere ni adónde va.

Juan José Sebreli, 1964

* especulación

Mi teoría, que tal vez sea más poética que real, es que la Argentina en general y la Ciudad de Buenos Aires en particular se formaron con la sumatoria de muchísima gente que sufría. Gente que llegaba de la Europa en guerra, que llegaba del interior del país porque no había trabajo en sus lugares de origen. Tanto unos como otros dejaban a su

gente, a sus afectos, a su familia, su idioma o su religión. (…) Toda esa comunión de gente (…) había tenido una historia de pérdida. Eso nos hizo escuchas del dolor propio y ajeno, nos acercó a la pregunta, al porqué de las cosas.
Gabriel Rolón

* espejo
Lamentablemente nosotros nos comportamos igual que la Argentina. O sea, no hay nada más parecido a la Argentina, que un argentino. (…) Cada uno de nosotros es como la Argentina, con esa fragilidad, con ese no saber adónde vamos, qué va a pasar, con ese no poder hacer proyectos de medio ni de largo alcance, es todo el día a día. Cada uno está en su mundo. En la pintura, por ejemplo, no hay más diálogo, no hay más polémica, cada uno está en su gueto, en su negocio, en su lugar, tratando de alguna manera de perfeccionar lo propio, pero al mismo tiempo, de no compartir nada.
Carlos Alonso; entrevista de Eduardo Villar

* esperanza
Creo que la esperanza se funda en la convicción de que la adversidad, por más que hoy nos paralice y dañe, no tiene por qué contar con la última palabra. (…) El "escándalo" de la esperanza consiste en ocupar los sitios donde, en apariencia, nada la invita a germinar.
Santiago Kovadloff

* esperanzados
Porque recordamos haber leído una frase aguda de Manuel Ruiz Zorrilla, sagaz español de viejo cuño:

"Mis paisanos se dividen en católicos, que lo esperan todo del milagro, y en racionalistas, que todo lo esperan de la Lotería Nacional". (En las actuales agencias de la Avenida de Mayo los racionalistas de Ruiz Zorrilla tienen más objetivos para sus esperanzas; a saber: *Prode*, quiniela y carreras de caballos).
Francisco García Jiménez

* estereotipo
Porque la Argentina es un país aluvional, sostenido por identidades múltiples, entonces hablar de un único "ser nacional" es casi fascistoide. Muchas veces se alude al argentino espejándose en el porteño, que nada tiene que ver con el jujeño, por cierto tan argentino como aquel. En el "inventario" coexisten más de cincuenta naciones indígenas y casi sesenta colectividades extranjeras. (…) ¿De qué estamos hablando, entonces? O, mejor dicho: ¿a quién le sirve definir un "ser nacional"? Porque, en otro punto, esta idea de uniformidad identitaria disuelve también el conflicto de clases.
Felipe Pigna; citado por Juan Ignacio Provéndola

* estima
Lo que más admiro de los demás es la ironía, la capacidad de verse desde lejos y no tomarse demasiado en serio. Después admiro el valor y la humildad, siempre que no sea ostentosa.
Jorge Luis Borges

* estímulo
En el camino cuando todo parece perdido siempre queda una última maniobra. Un golpe de volante, un

rebaje, algo, pero nunca el freno. Usted toca el freno y está perdido.
Osvaldo Soriano

* estratagema
Generalizar borronea todo con el trapo de la culpa. Un "nosotros" que no discrimine disuelve en un anonimato que tranquiliza las conciencias, asegura la impunidad y disuelve la responsabilidad, que es de cada uno.
Jorge Jinkis; entrevista de Carlos A. Maslaton

* estrategia
Se puede decir con razón que la clase dirigente educó al pueblo para institucionalizar la transgresión. (...) La opinión pública identifica la anomia con la corrupción generalizada. El eslogan "que se vayan todos" intenta resumir primariamente el rechazo a esta situación.
Augusto Pérez Lindo

* estreno
Como dice un amigo: "En la Argentina, siempre, la cosa recién empieza".
Nicolás Casullo

* etapas
Primero hay que saber sufrir,
después amar, después partir
y al fin andar sin pensamiento...
Homero Expósito

* etiología
(...) la contaminación mental (...) es la que nos mata.
Y no la humedad.
María Elena Walsh

* europeizados
No hemos visto ningún país donde los artistas y poetas
tengan el espíritu más lejos de su tierra natal. Por cada
escritor que vaya vestido con las tradiciones de la
pampa, hay cien que viven con Verlaine, con
Baudelaire, con el señor Pelletan, con D'Annunzio, con
los decadentes, y sueñan desde su rancho con tener
mesa en Maxim's o en Rat-Mort. Por cada pintor que
pinte el Paraná, hay veinte que ven el Sena (...)
Santiago Rusiñol, 1910, impresiones de Argentina

* exageración
*Yo no quiero ser irrespetuoso, Eulogia, pero lo que ha hecho
Tata Dios con usté es abuso de autoridá.*
Roberto Fontanarrosa, *Inodoro Pereyra*

* excepción
Entiendo a cualquiera, salvo al que no le gusta el agua.
Adolfo Bioy Casares

* excepcional
(...) tal vez sea la Argentina el único país donde un
uruguayo puede integrarse. En el resto lo que un
uruguayo puede hacer es adaptarse.
Mario Benedetti; citado por Ana Ribeiro

* excluyentes
A nivel social -si bien no en el plano ideológico- *exclusión* y *exclusividad* resultan mutuamente excluyentes, pues aunque en ambos procesos se aparta a alguien, en un caso es para privarlo de ciertos beneficios, mientras que en el otro es para otorgárselo de manera particular.
Carlos Belvedere

* exhibido
No me mientas, Bertolotti.
Estela Vidal a su esposo, interpretado por Raúl Rossi, en el programa cómico argentino de los 60 *La tuerca*; citado por Luis Prats

* exhorto
No arruguen que no hay quien planche.
tango de Carlos Minotti

* existencialistas
Sin pretenderlo, los letristas del tango han ilustrado como nadie la angustia que ha sentido el hombre en el siglo XX. (...) el "embalurde" del "cuchifai", la confusión del pobre diablo, es la misma "Geworfenheit" que ha sentido el hombre moderno y que ha analizado Heidegger en sus densos libros de filosofía.
Antonio Pau

* expectación
Creo que una de las vertientes del cuento es, desde el propio asombro o ignorancia, tener algo interesante

para contar. La idea básica siempre es la misma: "Mirá lo que es esto: ¡cuando vuelva y se lo cuente a los muchachos!"
Roberto Fontanarrosa; entrevista de Camilo Sánchez

* experiencial
¿Yo imposté la voz? No. ¿Yo aprendí canto? No. ¿Yo fui a estudiar arte dramático? No. El arte dramático está en la calle Corrientes, angosta, cuando caminás toda una noche sin tener donde ir a dormir. Ahí se aprende el drama. Ahí se aprenden las pausas, el tono. En la oración, en la desesperanza, se aprende.
Tita Merello

* explicación
Martín Amis, quien vivió hasta hace poco del otro lado del Río de la Plata, dijo concordar con algo que había escuchado en otros países sudamericanos: que para entender a los argentinos había que ver cómo nuestros connacionales disfrutaban más de "la mano de Dios" que del gol perfecto que Maradona les hizo a los ingleses en el Mundial de 1986.
Por supuesto que aclaró a *La Nación* no creer en las generalizaciones y conocer muchos argentinos a quienes respetaba o admiraba. Pero dijo que lo que nuestra pasión por ese primer gol ponía en evidencia era el placer que nos daba el triunfo que se conseguía haciendo lo indebido, y que eso podía explicar la corrupción prevaleciente en la sociedad.
Juana Libedinsky

* explosivos
Siempre pensé que las bombas de tiempo debieran llamarse testamentos.
Adolfo Bioy Casares

* extemporal
Dios nos da muy a menudo lo que queremos, pero muy pocas veces cuando lo queremos; de ahí que no reconozcamos la dádiva. La amada imposible de la juventud viene a ofrecernos sus labios marchitos. Parece una broma pesada de Dios, pero la explicación es muy sencilla: en la eternidad no hay relojes.
Conrado Nalé Roxlo

* extinción
Y cada día merma el stock de giles. (…) Y cada día merma el stock de los zanahorias; cada día desaparece de la circulación un zonzo. Algunos que se mueren, otros que se avivan…
Roberto Arlt

* extrañares
Han sido los millones de inmigrantes que se precipitaron sobre este país en menos de cien años los que le dieron origen desde su desarraigo, desde su insalvable melancolía.
Ernesto Sabato

* extremos
Un actor es un señor que hoy come faisán y mañana se come las plumas.
Fidel Pintos

* extrovertidos

Una de las cosas que más llama la atención del viajero que llega a Buenos Aires es cómo todo el mundo tiene opiniones definidas sobre cualquier tópico que sea, y cómo, en cualquier parte y con vociferante vehemencia, las expresan.

José Donoso

* falacia

Sarmiento parte de una premisa falsa, el dilema de "Civilización y Barbarie", Europa y América contrapuestos, lo bueno y lo malo, como en las películas yankis, y desde allí deduce. En el fondo es el disparate rivadaviano (...) quiere hacer Europa en América, para lo cual es necesario prescindir de ésta última, es decir de la realidad.

Arturo Jauretche

* faltante

(...) debería venderse agua del Leteo embotellada, un agua del Leteo dirigida, como quien dice, a ciertas zonas de la memoria y que permitiera, mediante un trago, olvidar ciertos libros para poder gozar la sorpresa y el encantamiento de la primera lectura.

Conrado Nalé Roxlo

* familiaridades

Los hijos suelen salir a los padres, pero hay veces en que los padres -cuando los hijos tienen más personalidad- acaban pareciéndose a los hijos. La milonga, que había engendrado al tango, acaba pareciéndose a él.

Antonio Pau

* favorecidos

A mí nunca me atrajeron los superhéroes. O sea: si tenés superpoderes, tenés una ventaja enorme. (...) Jamás me atrajeron estos héroes (...) que no

demostraban miedo, que nunca tienen miedo. (…) Por eso me parece mucho más excepcional el tipo común y silvestre (…)
Roberto Fontanarrosa; citado por Vicente Muleiro

* fiel
Sí, hombre, no me lo recuerdes. Siempre [hincha] de Atlanta, ¡aunque ganara!
Juan Gelman; citado por Rodolfo Braceli

* fija
Uno va por la calle, se encuentra con otro: "¡Qué hacé, qué decí, vení que tengo algo p'al domingo!"
¡Y cuando le dan a uno algo, siempre llega cuarto amigo!
Wimpi

* filiación
Creo que ser argentino es participar en una serie de valores y disvalores, en los planos más diversos, en asumirlos o rechazarlos, en entrar en el juego o tirar la pelota afuera.
Julio Cortázar; citado por Tomás Eloy Martínez

* firmes
Éramos y somos revolucionarios.
Cuando Marinha sea una moza nosotros seguiremos siendo revolucionarios.
Y si para ese tiempo la revolución es una cosa hecha nosotros seguiremos siendo revolucionarios.
Raúl González Tuñón

* flatolabia
(…) el arte de hablar al pedo.
Oscar Kosada

* formalidad
Entre los ministros que juraron observar y hacer observar todo lo que hay que observar, (y si no es así, Dios y la Patria se lo demanden) (…)
En toda su accidentada historia el país no conoce un solo caso de demanda a funcionario público alguno. Debe de ser que Dios no tiene tiempo y la Patria no tiene abogados.
Abel J. Fortunato

* formas
(…) sepan que olvidar lo malo
también es tener memoria.
José Hernández, *Martín Fierro*

* frac
Para Sarmiento (…) habría esperanzas de civilización allí donde hubiera unos cuantos jóvenes que usaran frac, algún médico, algún abogado, alguna escuela, algún templo. Lo que sobresale en esta lista es el frac, que no se trata, como podría suponerse de manera banal, solo de un signo de clase, sino de cultura. La enumeración de profesiones y propiedades necesarias pertenece a un interrogatorio que Sarmiento realiza para averiguar cuál es el estado de la civilización en La Rioja. Las previsibles respuestas negativas: cero mé-

dico, cero abogado, ningún frac, confirman las peores previsiones en ese capítulo cuarto del *Facundo*.
Beatriz Sarlo

* frustración
(...) se observa una sensación de resignación. A diferencia de épocas anteriores en las que siempre había una ilusión (en el contexto de gobiernos militares, la gran ilusión era la vuelta de la democracia y en gobiernos democráticos, que venga otro presidente), hoy los argentinos tienen la sensación de que esto no tiene arreglo. Y la ilusión no es cualquier cosa: es el fuego que mantiene encendida la vida; la capacidad de soñar un futuro mejor que el presente es característica del ser humano.
Hugo Litvinoff, 2001; citado por Agustín Biasotti

* fuente
La historia de los pueblos la escriben los vencedores. La de los tangos no; la escriben los vencidos. Por eso es una historia verdadera.
Homero Manzi; citado por Antonio Pau

* fundamentos
Si fuimos grandes, alguna vez, fue por la excelencia de nuestra educación pública. Todos éramos iguales, pobres y ricos, y los guardapolvos blancos nos indicaban, sin necesidad de discursos, que teníamos los mismos derechos. Crecí de esa manera, sabiendo algo que hoy parece olvidado: que una maestra es tan importante como un médico. Más todavía, porque a la

maestra la necesitábamos todos los días, y al médico sólo nos llevaban cuando teníamos fiebre.
Mario Sabato

* futuro
Hasta 1965, los argentinos seguían creyendo en su riqueza y capacidad. Ambas, interminables. El futuro siempre estaba a la vuelta de la esquina, o sea, nadie sabía de qué se trataba, nadie podía avizorarlo, pero todos sabían que "estaba" y, obviamente, no podía ser menos que maravilloso.
Luis Melnik

* futurología
(…) "Cele" Flores (…) en su famoso tango "Mano a Mano", presenta sin eufemismos el porvenir de la que con "el *mate* lleno de ilusiones" se entrega a la vida disipada del cabaret:
Y mañana cuando seas descolado mueble viejo
y no tengas esperanzas en tu pobre corazón.
Daniel Vidart

* gallinero
La Ley del Gallinero, tan popular en la Argentina, es verdaderamente cruel. Su postulado básico dice que en todo tinglado las gallinitas del palo de arriba defecan sobre las del escalón inferior. Por extensión, en el tinglado de la vida cada uno jode siempre al que está un poco más abajo y eso -en esta Argentina desoladora- se tiene por natural y lógico y aceptado.
Sin embargo es terrible, y horrible, que semejante desdicha de la gallinería se tenga por buena y hasta por moral en el presente angustioso e incierto que estamos atravesando. La Ley del Gallinero y su prestigio son repudiables (…)
Mempo Giardinelli

* garantía
La verdad es que todas las formas de gobierno son ridículas; lo único que gobierna bien es una población con vivo sentimiento de reacción contra la injusticia. Como quiera que se gobierne.
Macedonio Fernández

* genuino
Me interesa aquél artista que hace lo que hace porque si no lo hace se muere. No para asombrar. El espectáculo es una estupidez. No se trata de la lógica del espectáculo, ni del chisporroteo del chiste. Ni como decía Girondo: de las ideítas reputitas y las ideonas reputonas. Tal vez esto siempre fue así pero me da la

impresión de que por lo menos antes había un oficio que lo disimulaba o lo enmascaraba.

Juan Carlos Distéfano; entrevista de Ana María Battistozzi y Mercedes Pérez Bergliaffa

* giro

Cuando en 1994 escribí sobre el *shopping center* el tema era una novedad en la Argentina; esas pocas páginas de *Escenas de la vida posmoderna* hoy me parecen un esbozo lejano y aproximativo, aunque les reconozca la intuición de lo que ya estaba sucediendo de modo irreversible. Hoy creo que el *shopping center* ha impuesto su tipología a todas las formas de consumo, por lo menos de modo imaginario; en el otro extremo, los ambulantes definen un uso de la calle que, por su intensidad, es original desde mediados de los años noventa. En el arco entre el *shopping center* y los ambulantes se define la "ciudad de las mercancías".

Beatriz Sarlo, 2009

* gobiernos

Los países parecen ómnibus manejados por irresponsables que eligen el itinerario y el destino (o meta). Los demás habitantes viajamos como pasajeros: mejor dicho, como hacienda que va en camiones-jaula al mercado de Liniers. Sin hacerme ninguna ilusión acerca de los conductores, me avine a mi papel de pasajero: por supuesto, no debo quejarme. No aspiré nunca al puesto de conductor, por la convicción de que no sería feliz negando, contrariando, entristeciendo, defraudando: lo que en casi todos los actos de gobierno

parece inevitable. Además, no me creo capaz de mandar a la gente ni de organizar a un país. No dudo de que tendría conciencia de mis ineptitudes y que sufriría. De todos modos, el grado de ineptitud de quienes manejan nuestro ómnibus me asombra un poco.
Adolfo Bioy Casares

* González
Debería prohibirse terminantemente escribir cuentos en Buenos Aires con oficinistas que se llamen González y menos aún: un señor González. (…) Desde que Roberto Arlt escribió *La silla desierta*, Roberto Mariani *Cuentos de la oficina*, pasando por Barletta, Castillo, Constantini, Onetti, y *La tregua* de Mario Benedetti, para el señor González, en el cine de la literatura, no hay más localidades. Ellos lo hicieron bien. Mejor no sirve. (…) Desde los años 30 para acá hemos tenido infinidad de señores González que un día rompen la rutina dándole un ladrillazo al jefe, llevando una bomba de fósforo líquido en el portafolio o produciendo una increíble ventosidad en la sección Cuentas Corrientes de la compañía.
Isidoro Blaisten

* gourmets
Súbitamente Buenos Aires se ha llenado de gourmets, de clubes de gourmets integrados por gente a la que hasta ayer le interesaba la política, la demografía, las ciencias, las artes.
Héctor Yánover

* gramatical
Los insultos argentinos son un milagro para la
morfología. Nunca vi tantos prefijos, interfijos y sufijos
en tan pocos lexemas.
Carlos Mayoral

* granero
La Argentina, viejo granero del mundo, produce, según
la Agencia para la Agricultura y la Alimentación de la
ONU (FAO), diez veces los alimentos que necesitaría
para consumir. Sin embargo, hay gente que se muere de
hambre, y en especial chicos. (…) En 2008 la tasa de
mortalidad infantil llegaba a 13,8 por mil para menores
de 5 años. Y había tocado el pico de 16,16 por mil en
2003. (…) La mortalidad infantil también nos habla de
países distintos: en la Ciudad de Buenos Aires su tasa
estadística es la mitad del promedio nacional; en
Formosa, el triple.
Gustavo Ng

* gratitud
Una de las felicidades de mi vida es haber sido amigo
de Macedonio, es haberlo visto vivir.
Jorge Luis Borges obituario acerca de Macedonio
Fernández; citado por Alejandro Zambra

* gravedad
Hoy, si a un personaje público se lo acusa de
"aburrido", sus cuidadores de imagen se preocupan
más que si se lo acusara de corrupto.
Esther Díaz

* grupo

El Café de la Puñalada durante el día, era inofensivo rincón de empleadillos. Durante la noche se convertía en una cueva de forajidos, viciosos, prostitutas, vendedores de alcaloides, vagos y, -lo que para un burgués sería una redundancia-, literatos.

Raúl González Tuñón

* guitarra

La guitarra es para mí un poco el templo donde yo entro a rezar. Cuando yo necesito musitar mi salmo profundo, voy a la guitarra. (…) para rezar, la vidala. Y la hora no importa, las nueve o las tres de la mañana y no necesito el estímulo del vino, ni de amigo.

Atahualpa Yupanqui

* habilidoso

Hay un concepto que es la síntesis de la argentinidad: el chanta, la chantada. Es muy difícil definir al chanta: sería, en español de España, un cantamañanas; en castellano más amplio, un charlatán o vendehúmos. En síntesis, alguien que te convence de cosas que no son y, sobre todo, de que él es el que no es; alguien con gran destreza para aparentar y poco respeto por la idea de coherencia o consecuencia. (...) Chanta, ese concepto tan argentino, es italiano: viene del dialecto genovés, donde *ciantapuffi* significa "el que te mete un clavo, el que te clava" con una deuda, con cualquier estafa.
Martín Caparrós

* hábitos

La escasa consideración de las leyes es un rasgo que también forma parte del costado "cambalachesco" de la argentinidad, no solamente de los ricos, sino –en su medida- también de los clasemedieros y de los pobres. Transgredir las reglas de tránsito, vender bebidas alcohólicas a los menores o evadir los impuestos, son conductas que participan de la misma serie de sentidos que las políticas autoritarias aberrantes, porque comparten la insuficiente percepción, el desconocimiento o el desprecio por el lugar del otro.
Adriana Puiggrós

* habitual

Creo mis personajes observando a la gente, prestando atención a los pequeños defectos que pueden causar

risa. Yo voy a la peluquería, por ejemplo, y paro la oreja para ver lo que hablan los clientes. Es increíble lo que pueden decir allí las mujeres: están en los secadores y como el aparato les tapa las orejas y hace ruido, deben gritar para escucharse. A gritos cuentan la vida y milagros de todo el barrio.
Nini Marshall

* hablantes
La Argentina no ha tenido estadistas sino simplemente gobernantes (...) Entre nosotros todo está dicho, todo planeado todo escrito; casi nada hecho. Gran parte de nuestros próceres han sido solo realizaciones verbales.
Florencio Escardó

* héroes
Muchas veces los verdaderos héroes para nuestros hijos son los héroes de las películas, los que arreglan todo a puñetazos o a balazos. Cuando el verdadero héroe es seguramente el viejo que tiene dos trabajos y que come delante de él en la mesa, y que no llega al veinte del mes con lo que gana.
Mamerto Menapace

* heterodoxo
Un país es una comunidad en estado de iniciativas históricas. Un país no es el conjunto de gentes que duermen a la misma hora en determinado territorio. Un país es el despertar de esas gentes y el resultado previsible de ese despertar.
Eduardo Mallea, en los cuarentas del siglo XX

* himno

No veréis estatua de ningún caudillo ni de ninguna conmemoración sin gente cantando el himno en su pedestal y, en los entreactos, y en los cafés, y allá donde están de broma, y allá donde están serios, os llegan a "himnotizar". El delirio de la "himnomanía" patriotiza a todos, y no nos extrañaría nada que llegara un momento crucial en que el argentino pidiera al gobierno sus ocho horas diarias de himno.
Santiago Rusiñol, 1910, impresiones de Buenos Aires

* hinchismo

(…) es una adhesión de tipo místico, sin análisis y sin discriminaciones con entrega total de la personalidad, del afán y del sentimiento. El hinchismo por los clubes deportivos (…) no es más que una manifestación ruidosa y ostensible del hinchismo que tipifica la manera de ser de todo porteño. (…)
Esa adhesión no es eterna, el hinchismo cesa de dos maneras: por desilusión o por cansancio. Un día el hincha descubre una fisura en su fe y el ídolo no se derrumba: cesa de existir; el hincha se va de su entusiasmo con naturalidad y sin rencor (…); otras veces, simplemente, el hincha se fatiga y sin razón ni razonamiento, como empezó, deja de amar y no se vuelve a acordar de su fervor de ayer.
Florencio Escardó

* hiperoptimismo

El interlocutor cree siempre que hay que decir únicamente lo que levanta el ánimo. Nos hemos

convertido, por eso, en un país de mentirosos. Peor: de incapacitados para la realidad.
Adolfo Bioy Casares

* hípicos
La Argentina supo ser una nación burrera por excelencia. Mucho antes que cualquier otro entretenimiento, el turf fue el mayor espectáculo deportivo de la Argentina preperonista.
Ivanna Soto

* hipótesis
Mi diagnóstico sobre las causas de la decadencia de nuestro país. Entramos en la decadencia el día en que cesó la inmigración, es decir el renovado ingreso de hombres que buscaban (y creían en) la prosperidad por el trabajo (...)
Adolfo Bioy Casares

* holgazanería
Macana (...) es palabra de negligentes para pensar. El jurista Segovia, en su atropellado *Diccionario de argentinismos*, escribe de ella: *Macana – Disparate, despropósito, tontería*. Eso, que ya es demasiado, no es todo. Macana se les dice a las paradojas, macana a las locuras, macana a los contratiempos, macana a las perogrulladas, macana a las hipérboles, macana a las incongruencias, macana a las simplonerías y boberías, macana a lo no usual. Es palabra de haragana generalización y por eso su éxito. Es palabra limítrofe, que sirve para desentenderse de lo que no se entiende

y de lo que no se quiere entender. ¡Muerta seas, macana, palabra de nuestra sueñera y de nuestro caos!
Jorge Luis Borges

* humanizar
Es necesario rever la cultura histórica, ejercitar la
libertad mental y la gimnasia del buen humor para
humanizar a los héroes y recrearlos con pasión y
ternura.
María Elena Walsh

* humanos
(…) no somos importantes. No somos admirables ni
siquiera siendo genios de alguna cosa (¿no se te ha
ocurrido pensar alguna vez que Einstein, Juana de
Arco, Marconi, María Estuardo o Churchill tenían
aparato digestivo igual que nosotros?). No somos
trascendentales, sino que nos hacen trascendentales por
solemnidad, vanidad, ceremonia. Siendo en mi caso
nada más que periodista deportivo…
Dante Panzeri

* humorada
Es una mañana gris como la que hace cuatrocientos
años le inspiró a don Pedro de Mendoza la gigantesca
broma de llamarle Buenos Aires a este pantano.
Abelardo Castillo

* idea

Me gusta tanto la noche que al día le pondría un toldo.
Héctor "Bambino" Veira

* identidad

Nos preguntamos mucho los argentinos por nuestra identidad... ¿por qué? Argentina es el país con mayor cantidad de ensayos sobre su identidad; le sigue México. Lo que se ha dicho sobre nosotros llena una biblioteca de 330 o 400 volúmenes. Por egotismo (nos gusta hablar de nosotros, preocuparnos por nosotros, revisarnos), y por inseguridad: no sabemos bien quiénes somos. Necesitamos salir de la confusión. De esa misma inseguridad nos devienen rasgos como agresividad, envalentonamiento, ironía y cierta dosis de inestabilidad.
Pedro Luis Barcia

* ilusión

Y todo allí es triste y manido. (...) el teatrito de variedades (...) Y, sin embargo, la gente va. Va porque allí se aburre pensando que se divierte. Y a todos nos gusta engañarnos, ¡qué embromar!
Roberto Arlt

* imperceptible

(...) tengo una tía que es maestra pero por suerte se le nota poco (...)
Dalmiro Sáenz

* imperdonable

No se me importa un pito que las mujeres tengan los senos como magnolias o como pasas de higo; un cutis de durazno o de papel de lija. Le doy una importancia igual a cero al hecho de que amanezcan con un aliento afrodisiaco o con un aliento insecticida. Soy perfectamente capaz de soportarles una nariz que sacaría el primer premio en una exposición de zanahorias; ¡pero eso sí! -y en esto soy irreductible- no les perdono, bajo ningún pretexto, que no sepan volar. Si no saben volar ¡pierden el tiempo las que pretendan seducirme!

Oliverio Girondo

* imperioso

Cuando hay pensamiento no hay adoración. Nosotros necesitamos pensar, no creer. Pensar en todo, con total libertad. Es muy difícil hacerlo donde se crea un clima de guerra, donde todo se lee como lealtad o traición. Es típico de los regímenes fascistas. Te preguntan qué sos, no te preguntan que hacés o qué pensás. Para que el debate se abra hay que combatir esta idea donde todo se lee en términos de trincheras. (…)

La conversión de un pensamiento en una creencia es igual a un procedimiento de momificación. Pensar es como respirar, la falta de aire lo acaba, lo silencia, lo aplasta. Y los voceros del saber y del poder instituyente, quieren que creamos, no sólo eso, sino que lleguemos a la cumbre de la creencia: la adoración.

Tomás Abraham; citado por Luis Diego Fernández

* importadas

(…) palabras extranjeras que han adquirido su correspondiente derecho a la ciudadanía; así pertenecen al francés, o a su argot, los siguientes vocablos: cana (*canne*), policía; escracho (*escrache*), cara; macró (*maquereau*), tratante de blancas; ragú (*ragoût*), hambre; enfriar (*refroidi*), asesinar; bulín (*boulin*), habitación. Al italiano: bacán (*bacan*), hombre rico; batifondo (*battifondo*), escándalo; berretín (*beretin*), sentimiento arraigado; biaba (*biava*), paliza; estrilar (*strillare*), rabiar; yeta (*jettatura*), mala suerte; fungi (*funghi*), sombrero; linyera (*linghera*), vago. Al portugués: fulo (*fulo*), enojado; matungo (*matungo*), caballo viejo; tamango (*tamanco*), zapato; cafúa (*cafúa*), cárcel; vichar (*vigiar*), espiar. (…) De idiomas aborígenes, al quichua: pucho (*puchu*), lo que sobra; yapa (*yapani*), añadidura; chuchi (*chucchina*), voz cariñosa de contenido erótico; ñaupas (*ñaupaco*), antiguamente; minga (*minka*), trabajo que no se retribuye con dinero; y al guaraní: caracú (*caracú*), médula.

José Edmundo Clemente

* imposibilidad

A veces quiero hablar en serio y la gente se ríe igual.

José *Pepe* Marrone

* impregnados

(…) Buenos Aires. La ciudad suda (…) El aire contiene noventa por ciento de humedad, la humedad de los campos labrantíos. Eso hace del porteño un hombre que se baña tres veces por día, que se muda de ropa

con harta frecuencia y que se pasa la vida haciéndose lustrar los zapatos.
Florencio Escardó

* imprescindible
La coma, esa puerta giratoria del pensamiento.
Julio Cortázar

* improbable
Así como es imposible aprender boxeo por correspondencia, y gimnasia sueca por teléfono, así también es inútil querer aprender el arte de vivir en los libros.
Roberto Arlt

* impronosticable
El fútbol es así, no es una película de cine, salen cosas que no te imaginas. Juega el primero contra el último y resulta que gana el último, y en el campo del primero, y eso es lo bonito que tiene. Esa es la salsa de la pelota.
Alfredo Di Stéfano

* inaceptable
En este país el éxito no se perdona. La traición puede perdonarse, el éxito no.
Manuel Mujica Lainez; citado por Isidoro Blaisten

* inactual
El discurso escolar está dirigido a un pibe que ya no existe más, que atrasa cincuenta años.
Felipe Pigna; citado por Juan Ignacio Provéndola

* inalcanzable
Todo el tiempo tengo la sensación de que estoy a
punto de entender algo y después (...) [viene] la
sospecha de que ese punto nunca va a llegar.
Martín Caparrós; citado por Francisco Solano

* incertidumbre
La Argentina es el país de las profecías imposibles.
Pero, ¿en qué país son posibles las predicciones?
Miguel Wiñazki

* incoherencia
No podés tener el doble discurso de tomar mate con
un termo de aluminio y estar en contra de la minería.
Beatriz Aguirre-Urreta; citado por Agustín Scarpelli

* incompleto
(...) le falta *la mugre*, como dicen los tangueros cuando
un tango está sólo "bien" tocado...
Ricardo Piglia

* inconvertible
[Andrés] Rivera —Marcos Ribak en los padrones
electorales- (...) persevera (...) en la idea de
revolución, aunque el neoliberalismo venga degollando,
porque él no tiene "madera de converso".
Raquel Garzón

* incumplido
Una vez mi padre me dijo que echara una buena
mirada sobre soldados, uniformes, cuarteles, banderas,

iglesias, curas y carnicerías, porque todas esas cosas estaban por desaparecer, y yo podría narrar a mis hijos que realmente las había visto.
Jorge Luis Borges

* indecente
(…) las contorsiones del tango, ese reptil de lupanar, tan injustamente llamado argentino en los momentos de su boga desvergonzada.
Leopoldo Lugones; citado por Edgardo Cozarinsky

* indecible
De Buenos Aires tendría que decir muchas cosas… Que es mi vida, que es el tango, que es Gardel, que es la noche… Que es la mujer, el amigo… Tendría que decir muchas cosas y muchas no sabría cómo decirlas… Pero anote esto: agradezco haber nacido en Buenos Aires.
Aníbal Troilo, *Pichuco*

* indefinición
Nosotros pensamos (…) que bastaba con que nos pareciéramos a Europa para ser casi europeos. Con lo cual quedábamos siendo casi argentinos y muy poco europeos.
Eduardo Mallea, en los cuarentas del siglo XX

* independiente
(…) nunca admití dinero por colaboraciones o libros míos, porque no puedo escribir bajo compromiso. Cuando algo tengo escrito soy yo quien pido me lo

publiquen. Y de todos modos mis lectores caben en un colectivo y se bajan en la primera esquina.
Macedonio Fernández

* indestructible
Lo que de veras fue, no se pierde; la intensidad es una forma de eternidad.
Jorge Luis Borges

* índice
¿Cómo se mide, en índices aceptables, la suba inexorable del "dolor país"? Si la sensación térmica es una ecuación entre temperatura, vientos, humedad y presión atmosférica, ¿por qué no emplear combinadamente las nuevas estadísticas de suicidio, accidente, infarto, muerte súbita, formas de violencia desgarrantes y desgarradas, venta de antidepresivos, incremento del alcoholismo, abandono de niños recién nacidos (…), deserción escolar, éxodo hacia lugares insospechados… para medir el sufrimiento a que somos condenados cotidianamente por la insolvencia no ya económica del país sino inmoral de sus clases dirigentes?
Silvia Bleichmar

* indiferencia
En una generalización, nunca nadie se siente aludido.
Alejandro Dolina

* indisociable
Juventud sin espíritu de rebeldía es servidumbre precoz.
José Ingenieros

* indispensable
Sin la guitarra mi exilio hubiese derivado seguramente en locura. Sin la zamba tucumana el destierro me habría dejado definitivamente sin tierra.
Juan Falú

* inédito
No se olvide: soy el único literato existente de quien se puede ser el primer lector. Pero además mi libro, y es más inusitado esto todavía, es la única cosa que en Buenos Aires puede encontrarse aún no inaugurada por el Presidente.
Macedonio Fernández

* ineludible
(…) en estos días hablé con cientos; uno solo fue casi optimista, pero es uno que trabaja de serlo (…)
Martín Caparrós, 2018

* inequidad
La injusticia siempre se ensaña con el pobrerío, en enorme desventaja con aquéllos que tienen con qué levantar fianzas, comprar jueces o falsos testigos.
Tomás Penacino

* inesperado
(…) los escritores y artistas que uno considera más locales terminan siendo los más universales. El caso de Borges. Borges es intensamente argentino y nosotros los argentinos cuando lo leemos, pensamos: un extranjero no puede entender nada de esto, es algo

entrañablemente nuestro. O Manuel Puig. O en otro campo *Mafalda*. Cuando viajo la encuentro en todas partes. Y *Mafalda* siempre fue algo tan quinta-esencialmente argentino que uno pensaría que no puede salir de nuestras fronteras.
César Aira; entrevista de Gerardo Lammers

* inestabilidades
(…) esa (…) apertura de ojos cerrados se produce "cuando hay bronca en el gallinero". Pero en cuanto se quitan la mufa porque Muñoz gritó *¡gol argentino!*, ya entran de nuevo en el rebaño del conformista que hace estéril decir que el rengo tiene una pata más corta.
Dante Panzeri

* inevitable
Suelen preguntarme si un escritor argentino se ve obligado a hablar de la dictadura y de la violencia política en su literatura. Yo creo que no. Pero lo cierto es que la realidad ofrece tramas, escenas y metáforas que remiten a esos años todo el tiempo y todos los días.
Mariana Enriquez

* infalible
La única cábala que vale es tener once buenos jugadores.
Roberto Fontanarrosa

* infaltable
Siempre algo fermenta detrás del silencio.
Antonio Dal Masetto

* inflexibilidad
Compadezco de todo corazón a todos aquellos que una vez asumida una actitud son incapaces de cambiarla.
Florentino Ameghino; citado por Isidoro Blaisten

* infractores
Los "chicos de la calle", los marginados, los ancianos, los locos, los discapacitados no producen y casi no consumen. (…) No compran, delito no indultable. (…) Por tanto, no tienen lugar en nuestra sociedad.
Pacho O'Donnell

* inoportuna
Cuando ya íbamos a saber vivir, morimos.
Macedonio Fernández

* inoxidables
Aquella historia con héroes de cerería actuando en batallas sin barro, polvo y sangre (…) (Donde esta historia es todavía de reglamento es en las escuelas y academias de las FF.AA., cosa que se percibe en el cine porque si los héroes se salen de esa línea, en las películas históricas, el ejército no presta los caballos). Hay que optar: mala historia con pingos, o buena historia sin ellos.
Es una historia cruel, particularmente con el General San Martín que padecía de úlcera y tenía que recurrir al opio; la historia oficial se lo ha prohibido por más que entonces era el único calmante. Es que ningún héroe argentino ha tenido dolores, ni se ha calentado con una china, ni le ha jugado una onza a una carta.

Esa historia tal como se enseñaba en mi infancia, tenía todo el opio que se le niega a San Martín y así los chicos preferían saber la de otros países mucho más entretenida, por humana.
Arturo Jauretche

* inseparables
El prejuicio puritano que relega la bohemia a una manera del "atorrantismo" revela la ignorancia de los hombres "Standard" que llegan a la jubilación con la medalla de oro sobre el pecho, después de haber aguantado los gritos de diez jefes hasta llegar a serlo, y entonces gritar a la vez…
La bohemia es un estado transitivo al cual difícilmente puede escapar el artista hijo de su propio esfuerzo.
Esto no quiere decir que no se puede ser artista sin haber sido bohemio o haber hecho bohemia… Pero, ¿"gran artista" sin ser bohemio? Dificilillo, y se cuentan con los dedos de una mano.
José Antonio Saldías

* insistencia
(…) la "coima", el "acomodo", el "peculado" son los supremos males de la "política criolla". De ahí que la clase media sea fácil presa de las campañas moralistas contra la corrupción de los agentes de la administración y del poder público.
Juan José Sebreli, 1964

* inspiración
Cada ventana iluminada en la noche crecida, es una

historia que aún no se ha escrito.
Roberto Arlt

* insustituible
La nuca es una de las cosas más necesarias del mundo.
Porque sin nuca el tipo no podría acostarse boca arriba.
Y si el tipo se acostara siempre boca abajo, quedaría
ñato y con la punta de los pies torcidas para arriba y si
siempre se acostara de costado, quedaría desparejo.
Wimpi

* integrados
Nuestro intelectual se va metiendo, sin darse cuenta, en
el barco de los intereses creados de "la cultura" y
cuando acuerda está enterrado hasta la verija y ya no
puede salir. Por eso, más que un tránsfuga o un
desertor, es un esclavo que lame la cadena.
Arturo Jauretche

* intemperie
Este es un tiempo invernal. Hombres y paisajes entran en
los altos fríos de la verdad. Las antiguas protecciones, las
antiguas estufas, los jardines de invierno de la auto-
complacencia, los aparatos del almohadamiento individual
(y sus complicaciones recalentadas) ya no sirven. (…)
Y por eso mismo, lo mejor que se puede hacer es no
esquivarla, no lenificarla, sino entrar en el frío y no
detenerse hasta que haya sido vencido. Porque hay una
cosa que resiste a la verdad, al frío de la verdad, que lo
soporta, y es la vida, la vida que soporta la intemperie.
Eduardo Mallea, en los cuarentas del siglo XX

* intensidades
Una palabra puede herir. Pero un martillazo es feroz.
Roberto Fontanarrosa

* interpelación
¿Por qué los ciudadanos deben respetar la ley si la ley no los incluye? ¿Por qué deben respetar la propiedad privada si todos los días les meten la mano en el bolsillo? ¿Por qué deben respetar a sus representantes si éstos no los representan y saquean las arcas públicas? Es más, ¿por qué van a creer en el valor nutritivo de una democracia que sólo asegura la impunidad de los granujas que desmantelaron el Estado?
Miguel Bonasso

* interpretación
Rara, como encendida
te hallé bebiendo, linda y fatal
bebías, y en el fragor del champagne
loca reías, por no llorar
Enrique Cadícamo

* interrogante
Sí, te había visto, pero no te había visto así como te veo ahora, en ninguna parte. ¿Dónde estabas así como te veo ahora? Y como te había visto, ¿dónde estás?
Antonio Porchia

* intríngulis
Hasta ayer era indeciso, hoy no sé.
grafiti

* irrompibles

(…) Porque todos sin excepción transcribían a Roberto Arlt; esas palabras tan lindas que ni aun el tedio pudo gastar:

"Cuando se tiene algo que decir se escribe en cualquier parte. Sobre una bobina de papel o en un cuarto infernal. Dios o el diablo están junto a uno, dictándole inefables palabras".

Esas fulminantes palabras de Arlt que relampaguean por sí mismas, y que resisten uso y abuso, como la buena ropa de trabajo.

"Crearemos nuestra literatura, no conversando continuamente de la literatura, sino escribiendo en orgullosa soledad libros que encierran la violencia de un cross a la mandíbula…"

Isidoro Blaisten

* jugársela
Hay que buscar la posibilidad de ir a otras líneas. Si no, es recostarse en un perfil en el que ya sabés que andás bien. A mí me pasó eso muchas veces, que das un examen en una materia y te quieren hacer repetir esa materia para que saques una buena nota. Yo quiero correr el riesgo de no sacarme una buena nota.
Ricardo Darín; entrevista de Leila Guerriero

* justicia
Aquello que no se legisla explícitamente para el débil, se legisla implícitamente para el fuerte.
Raúl Scalabrini Ortiz; citado por Cristina Lustemberg

* justificaciones
[El tipo] considera una impertinencia que los demás traten de intervenir en su vida, pero se molesta cuando los demás rechazan, a su vez, la intervención que en la vida de ellos el tipo intenta.
Cuando en alguna ocasión extraordinaria se le ocurre decir lo que realmente piensa, se considera a sí mismo recto y veraz; pero cuando le oye decir lo que realmente piensa a otro, lo considera insolente y cínico. Cuando no quiere hacer lo que el otro le pide, dice que es porque tiene personalidad. Pero cuando es el otro quien no quiere hacer lo que al tipo le conviene, lo trata de caprichoso. (…)
Estima que el vecino no tiene ningún derecho a tener en la casa un perro que ladre, pero él se siente asistido por todos los derechos para tener en la casa una nena que aprenda el piano.

El tipo les exige a los demás una rectitud que jamás podría comprobar en sí mismo.
Wimpi

* justipreciar
(...) vale más para nosotros un viejo batallador que diez jóvenes negativos o frívolos.
Raúl González Tuñón

* lamento
Lástima que no tenés sucursales, José.
Mario, Medicina; en *Las libretas de José*, en referencia a
José Rosenwasser

* lapso
Yo aprendí como cantante que mi obra no tiene que
exceder los dos minutos sin un acontecimiento, sin que
ocurra algo, como en el disco. Yo saqué eso del disco.
¿Cuánto dura una canción? Tres minutos y si no ocurre
nada en esos tres minutos perdiste. Eso lo llevé al cine.
Me permitió manejar los tiempos aunque se trate de un
oratorio o una pieza litúrgica.
Leonardo Favio; entrevista de Alberto Farina

* largo
(...) darse cuenta puede llevar toda la vida y nunca se
puede saber cuánto hay que aprender.
Ricardo Piglia

* legalidad
(...) la ley del más fuerte es la negación de la ley.
José Narosky

* lema
La salud no se delega.
lema de obreros italianos en Argentina a principio de
siglo XX

* libertad
No se trata de cambiar de collar, se trata de dejar de ser
perro.
Arturo Jauretche

* librería
¿No es acaso una librería un servicio de urgencia? ¿No está
acaso reglamentado por Salud Pública? ¿Qué pasa si a las tres
de la mañana necesito urgentemente un libro? ¿Hay librerías
de turno? ¿El Ministerio de Educación no los obliga a estar
siempre listos a la espera del cliente? ¿Un soneto boca a boca
no puede salvar una vida?
Héctor Yánover

* líderes
(…) las personas más populares de los medios, y estoy
hablando de la Argentina, son ellos mismos personajes que
desde la calle y su propia insolvencia han ido escalando y se
han instalado, son mentores ideológicos de la sociedad. Y ese
mentorazgo es ejercido con la mayor vulgaridad.
Yo no postulo que vengamos integrantes de un cenáculo
filosófico a copar la radio y hablar de Pirrón de Elis. ¿A quién
le puede importar eso? (…) No es eso. Es tratar de buscar lo
que de extraño tiene el mundo, tener curiosidad, humildad
ante el que sabe más.
Alejandro Dolina

* ligazón
Asocio la música clásica con un duelo nacional, porque
cuando era chico, cada vez que había duelo nacional,

en la radio ponían música clásica.
Roberto Fontanarrosa; entrevista de Camilo Sánchez

* ligereza
La ignorancia es mucho más rápida que la inteligencia.
La inteligencia se detiene a cada rato a examinar; la
ignorancia pasa sobre los accidentes del terreno que
son las nociones a gran velocidad y jamás hay nada que
les llame la atención. Así llega rápidamente a cualquier
parte... especialmente a las conclusiones.
Alejandro Dolina

* límites
Si [los suecos] suelen incurrir en dramáticas crisis
personales no creo que se deba al exceso de
organización sino a causas que escapan a nuestra
comprensión, como "la problemática de los ricos".
Pero sólo con indecente mala fe podemos suponer que
la equidad social es causante de otras desdichas. Lo que
sucede es que no hay sistema capaz de remediar
amores contrariados, dudas religiosas, sensación de
fracaso o vértigo metafísico. Ése es otro cantar.
María Elena Walsh

* limpieza
Hay que ir limpiando la sombra para desenterrarle la luz.
Enrique A. Angelelli

* línea
Nunca fui un especialista en relaciones públicas. Las
puertas que se podían golpear, las golpeé, una y otra

vez sin resultado. Las otras, las que había que cruzar de rodillas o arrastrándose, no eran para mí.
Edmundo Rivero

* literal
Cáncer es una palabra grave.
Roberto Fontanarrosa

* literatura
Yo tenía entendido que sólo había buena y mala literatura. Eso de "literatura comprometida" me suena lo mismo que "equitación protestante".
Jorge Luis Borges

* localización
Juan de Garay, con esa falta de sentido de los españoles para ubicar ciudades, puso a Buenos Aires no como una habitación de hombres sino como un sembradío. Sobre tierra gorda, bajo cielo benigno pero solar y con agua por todos lados. La ciudad tiene, a veces, clima de invernadero y la naturaleza vegetal está en ella en un acecho permanente de existencia y de expansión. Eso la hace magnífica en jardines y opulenta en árboles.
Florencio Escardó

* luminosa
La mujer amada produce incluso efectos lumínicos. Los lugares cambian. Me acuerdo de un epitafio que señala Borges en *El libro del cielo y el infierno*, que dice: "El paraíso estaba allí donde ella estaba". Es

exactamente esto. Todo, todo, se ilumina.
Alejandro Dolina

* maestro

No creo ser la única que aprendió de él cosas importantes: cómo mirar, cómo acomodar palabras, cómo lograr un estilo, cómo encontrar historias. Nunca me dio una clase, nunca me hizo una sugerencia. Todo lo que me enseñó lo aprendí mirándolo vivir, escuchándolo hablar, sentándome a su lado y compartiendo risas secretas en reuniones serias. (…) Su último libro, *Antes que nada*, habla de su enfermedad -la ELA-, de la muerte y de la vida. La dedicatoria dice: "A los que me quisieron, para que aprendan a olvidarme". Es tu primera enseñanza fallida, Caparrós. No creo ser la única que no la va a aprender nunca.

Leila Guerriero en relación a Martín Caparrós

* malaria

Para los argentinos la *malaria* equivale a una mala situación económica. Un paludismo que ataca los bolsillos.

Héctor Zimmerman

* manipulación

Es sintomático que la apatía e indiferencia obrera con respecto a la actividad sindical a partir de 1930, coincida precisamente con el surgimiento de las primeras formas del ocio alienado en la llamada "cultura de masas": las revistas populares, la literatura de kiosco, el cine hablado, la radio y sobre todo el fútbol. El vacío que el obrero de otras épocas sentía al salir del trabajo y que lo llevaba, en algunos casos, a emborracharse en el boliche, pero también, en otros muchos casos, lo impulsaba a la actividad sindical, a la frecuentación de ateneos, bibliotecas populares, ha sido llenado ahora por las diversas formas del ocio alienado, que no deja tiempo libre para soñar ni para aprender a conocerse a sí mismo. El obrero actual trata de aturdirse, de huir de una alienación por medio de otra. (…)

El obrero alienado en la "cultura de masas" puede huir momentáneamente de su condición proyectándose en el espectáculo pasivo del fútbol, del cine norteamericano, de la televisión, pero no puede ignorar que huye, y el sentimiento de frustración y de impotencia se apodera de él en esos largos domingos vacíos, cuando el cuadro preferido pierde o la película ha sido más aburrida que de costumbre o llueve. El domingo proletario siempre termina aguándose, y una cólera sorda, un odio sin razón, un rencor indefinido y vago se posesiona del obrero hacia el crepúsculo, cuando comienza a pensar que al día siguiente, irremediablemente, será lunes.

Juan José Sebreli, 1964

* maniqueísmo

Cuando el tipo es partidario de una causa encuentra aceptable todo cuanto a ella se refiera, sin tener en cuenta que no hay nada en el mundo que sea del todo bueno. Cuando el tipo es enemigo de una causa se opone a todo cuanto a ella ataña, sin darse cuenta, tampoco, de que no hay nada en el mundo que sea del todo malo.

Wimpi

* marcador

Porque el fútbol que nos gusta… tiene por objetivo ganar todos los partidos, todos los campeonatos, todas las copas, todo, todo, todo… ganar siempre. Nunca "perder con todos los honores" o "ganar moralmente" habiendo perdido por goles. (…) Quien diga que perder no cuenta… traiciona su conciencia. Quien diga que no le interesa ganar jugando mal… (…). Aún no nació quien renuncie a los puntos que ganó jugando peor que el vencido.
Dante Panzeri

* marcas

"Los cuerpos no mienten" escribía Beatriz Sarlo en *Tiempo presente* (Siglo XXI) al definir las marcas que la crisis socioeconómica ha dejado entre los argentinos: jóvenes sin dientes, subalimentados, con edades imprecisas o envejecidos prematuramente.
Raquel Garzón

* máscara

En lo profundo el porteño es de una sentimentalidad fácil hasta la sensiblería, pero cree que debe aparecer como sobre las cosas y los intereses y un poco por fuera de ellas. De ahí su habitual refugio en la ironía, usada casi siempre para demostrar a los otros que están desacomodados a una realidad de la que él se erige en módulo y en juez.
Florencio Escardó

* matiz

No somos un país cíclico, somos un país ciclónico.
Juan Carlos de Pablo

* matriz

Dios está en todas partes, pero atiende en Buenos Aires.
padre salesiano de Tierra del Fuego; citado por Adolfo Bioy Casares

* medios

(…) la cultura popular es prácticamente el primer registro de la otra historia, aquella que el pueblo cuenta en base a lo que vive. El tango, ni hablar, pero antes la payada, un elemento que usó el anarquismo entre fines del siglo XIX y principios del XX para divulgar textos de Kropotkin o Bakunin entre obreros analfabetos. Es increíble como se han ignorado históricamente estas expresiones.
Felipe Pigna; citado por Juan Ignacio Provéndola

* memoria

Mientras tengamos memoria ninguno de ellos estará muerto.
Madres de Plaza de Mayo

* mensurar

Esa oligarquía porteña, más que porteña, portuaria, que sólo vio el país a través de las ideologías y como la prolongación ganadera de la manga de los embarques;

más perjudicial, por zonza que por mala (…)
Arturo Jauretche

* meta
Me gustaría vivir hasta que la vida me interese.
Victoria Ocampo

* metamorfosis
Gran parte de los inmigrantes lleva algo que no se
compra con dinero: la esperanza. Y esta Argentina
tiene un don que no se ha podido explicar: un don que
a los apocados, a los abandonados, a los decaídos, por
obra del clima, por mor del ejemplo, por la ambición
de volver o por la de no querer volver jamás, les da
unas ganas de trabajar, que la Santa Pereza, tan compla-
ciente con los temperamentos soñadores, aquí des-
pierta y tiene que trabajar.
Santiago Rusiñol, 1910, en su visita a Buenos Aires

* mixtura
(…) las estaciones de ferrocarril de Retiro, donde los
aromas de fritanga para el almuerzo se funden con esa
arquitectura indomable de cuando este país soñaba con
alguna cosa que podía llamarse futuro.
Leila Guerriero

* moderación
La ternura puede empalagar, pero en su punto justo es
muy disfrutable.
Liniers; entrevista de Rodolfo Braceli

* momentáneo

El efecto patria es un estallido que puede producir el fútbol, una guerra u otras conmociones. Fuera de ese momento de reconocimiento, ¿se puede postular que existen rasgos que nos hacen argentinos?

Martín Caparrós; citado por Francisco Solano

* morir

No contar el cuento; cantar para el carnero; cagar fuego; irse ("Se nos fue Don Benito"); estirar la pata; dejar de existir; espichar; entregar el rosquete; entregar, dar, el alma; dar el último suspiro; cerrar los ojos; pasarle algo a uno ("Por si le pasa algo, tomó la precaución de hacer testamento").

Adolfo Bioy Casares

* motivo

Lo difícil de las mañanas es encontrar una razón para salir de la cama.

Ricardo Piglia

* muchos

Orígenes, cruces de caminos, coincidencias, encuentros. Cada uno de nosotros ha venido de tantas partes, de tantas cosas. Somos uno y la suma de muchos.

Antonio Dal Masetto

* multiculturales

Nos libre el cielo de invocar nacionalismos aberrantes y marginarnos aun más del concierto universal. Nuestra

cultura se asienta sobre una saludable absorción de lo extranjero, y ojalá nunca nos encerremos en un frasquito, como el muestrario de tierras provincianas. Pero…
María Elena Walsh

* multiplicidad
El mecanismo del lenguaje popular es esencialmente metafórico. "El pueblo -anota Carmelo Bonet- es una incansable fábrica de tropos. Al pueblo, por instinto artístico, le place el uso de palabras con acepción figurada". Señala inmediatamente como ilustración los siguientes sustantivos metáfora utilizados entre nosotros para nombrar la cabeza: *fosforera*, por el contenido; *pensadora*, por la función; *mate*, por la forma; *azotea*, por la situación. Sin que falte el vocablo peyorativo: *piojera*.
José Edmundo Clemente

* multiuso
Ángel Rama ha resumido con precisión las múltiples funciones que cumplió el café en la Buenos Aires de entre siglos: sitio de conversación distendida, pero también intelectual, de lectura, de producción literaria e incluso de obtención de trabajo mediante las conexiones que allí se establecían.
Pablo Ansolabhere

* muñeca
[Al porteño] le cuesta muchísimo creer en la ecuanimidad de un tribunal, pero acepta fácilmente la

capacidad de gauchada de los jueces. En materia de instituciones no es un descreído: es un inmaduro, porque es hombre que aún no ha tomado posesión ni de sus derechos ni conciencia de su existencia jurídica. (...)
Su derecho es "la muñeca", su ley de convivencia "la gauchada". (...) En cuanto aparece una ley o disposición que puede afectarlo, lo que le nace en lo íntimo de su ser es la seguridad absoluta de que no se va a cumplir.
Florencio Escardó

* mutismo
El campo es tan lindo, me decía cierta vez un gaucho, que no da ganas de hablar.
Leopoldo Lugones

* negación

Si no hay lúcida superación del dolor, si sólo se lo soslaya y se lo niega, el dolor lo envenenará todo. No podemos refundar la nación de espaldas a su ruina. Hay que mirar de frente las piedras quemadas, los nombres calcinados, los rostros de la bajeza, la sagaz atroz del error y la tiranía. (...)

Al discutido Ortega y Gasset le debemos esta certera reflexión: "Los pueblos que no digieren su pasado terminan devorados por él".

Santiago Kovadloff

* niveles

Presión tiene el hombre que sale a trabajar a las 4 de la mañana y no puede llevar 100 pesos a la casa. Yo no tengo presión.

Diego Armando Maradona

* normas

Las plazas están hechas para el césped, no para los niños, y en los parques magníficos los guardianes atormentan a pitadas a los chicos que pisan un cantero, y los vigilantes echan haces de luz sobre las parejas que se estrechan en la penumbra; la alegría, el bullicio y el amor no tienen en Buenos Aires una residencia natural y propia; saben a escándalo; el espectador puede aplaudir en el teatro o en el cine, pero le está vedado silbar o patear; una ordenanza prohíbe andar en saco de pijama.

Eso que se ha dado en llama la tristeza porteña, es

simplemente el empacamiento de quien no se siente en su casa.
Florencio Escardó, 1945

* novedad
El lunfardo se ha transfigurado en lenguaje poético y lo usan los petiteros y otros cajetillas que suponen que es ser más argentino decir en mal español, en mal italiano y en mal latín laburo y no trabajo.
Tulio Carella

* nunca
No te des por vencido, ni aún vencido,
no te sientas esclavo, ni aún esclavo;
trémulo de pavor, piénsate bravo,
y arremete feroz, ya mal herido.
Pedro B. Palacios, *Almafuerte*

* objeción
Por razones más que nada afectivas, pero también de frecuentación personal, me siento más cerca de los libros que de las alpargatas (libros tuve conmigo poco menos que desde siempre; de alpargatas recuerdo solamente un par, yo creo que de mi abuela, en una casa de Córdoba). Por eso la conocida consigna de "Alpargatas sí, libros no", atribuida al peronismo, suele dejarme un tanto amargado, porque mayormente nos amarga el rechazo de algo que queremos, que valoramos. Pero a veces, más que la amargura, se impone la perplejidad, la incomprensión de la disyuntiva, por qué oponer una cosa a la otra, por qué suponer que la afirmación de una cosa (las alpargatas) ha de conllevar la negación de la otra (los libros), como si no se pudiese leer en alpargatas, por ejemplo.
No me presto, sin embargo, en general, y no me presto tampoco ahora, a criticar el sesgo antilibresco de esa reivindicación de las alpargatas, porque los reproches que se le dirigen a esa fórmula suelen cargar las tintas contra lo popular, endilgando justamente a esa inscripción, la de lo popular, la inquina antiinte-lectualista del planteo.
Martín Kohan

* obstinada
En los últimos doscientos años la realidad local se ha empeñado en arrancar a los argentinos la particular sonrisa de la incredulidad: "No se puede creer" (...)
Gustavo Ng

* ocurrencia

Primero me vino el dolor de muelas, al que muy pronto se sumó el lumbago, que dejó paso a un espantoso resfrío, con fiebre y malestares y congestiones, que me dejó un herpes entre el labio superior y la nariz, el todo regado con las abundantes lágrimas de mi incontenible llanto senil. Solamente a Dios se le ocurre hacer una máquina de carne, sangre, grasa, huesos, como dijo Borges.

Adolfo Bioy Casares

* oficializadas

La manga ancha de la Academia de la Lengua por aceptar nuevas palabras y ampliar acepciones en la 22ª edición de su diccionario se propaga. En Argentina, el proyecto es "copado". Si los "chiflados" de la Academia Argentina de Letras no se toman otro "bondi" que los aleje de la idea original, es probable que el lenguaje cotidiano y urbano de este país alcance a comienzos del próximo año el reconocimiento oficial que supone la inclusión en el *Diccionario del habla de los argentinos* que la editorial Emecé se comprometió a publicar. Más de 5.000 palabras del argot, o del llamado "lunfardo", pasarán de la clandestinidad de las calles a la legalidad de las bibliotecas y serán finalmente autorizadas y bienvenidas en discursos oficiales y aulas públicas. Entre ellas, las siguientes: "Bondi" (autobús), "copado" (interesante), "chiflado" (extravagante), "bagayo" (hombre o mujer poco presentable), "amuchados" (agrupados, apretados), "chusma" (cotilla), también las que se hicieron habituales en la nueva realidad económica, política y social, como "afanar" (robar), "amasijar" (golpear, matar), "coimero" (persona que recibe sobornos), "chumbo" (arma de fuego), "chitrulo" (tonto, necio, incapaz), "acelerado" (estimulado por drogas), "zafar" (por salvarse), "transar" o "curtir" (por follar). El diccionario forma parte de una serie de iniciativas para celebrar los 70 años que acaba de cumplir la Academia.

Carlos Ares, 2001

* oficio

El librero debe aparentar ser culto e insistir en su apariencia. Ser un tanto pedante; y debe saber administrar ambas cosas. (...)

Te hacés entonces amigo de todos y escuchás sus cuitas (dicen que en la Argentina comprás un par de cordones para zapatos y ya te has ganado el derecho de contarle tu vida al vendedor). Vienen los boxeadores con quienes boxeás, los analistas con quienes analizás, vienen los pacientes de esos analistas para apresurar la transferencia, vienen abogados y hablás de derecho; vienen publicistas, maestras, diplomáticos de otras épocas, gente de centro derecha, de derecha-derecha, de derecha-izquierda, que de pronto se transforman en gente de izquierda-izquierda, izquierda de centro o izquierda-derecha. Vos serás alternativamente cada uno de ellos; creerán que adoptás su posición política, su oficio y sus gustos literarios; los guiarás y les venderás desde dentro, desde su misma sangre. Cada uno de ellos pensará —tiene que pensar— que ha encontrado a su hermano gemelo.

La cuestión comienza cuando llegan dos, tres o más de ellos juntos. (...) Todos son tus amigos. Fácil es —como decía Whitman— ser chino con los chinos y médico con los médicos. Lo difícil es ser simultáneamente todas las cosas.
Héctor Yánover

* opciones
Con la verdad no ofendo ni temo... Pero con la mentira, zafo y sobrevivo, Mendieta...
Roberto Fontanarrosa, *Inodoro Pereyra*

* optimista
Todo lo ve de color de día feriado.
Enrique González Tuñón

* opuestos
Es lamentable pero inevitable: en nuestra sociedad, el paraíso de unos es siempre el infierno de los demás.
Juan José Sebreli

* oración
Señor, perdóname por haberme acostumbrado a chapotear en el barro. Yo me puedo ir, ellos no.
Carlos Mujica

* origen
La denominación Buenos Aires está ligada a lo sexual. Pedro de Mendoza vino a estas tierras buscando una planta cuya floración, le dijeron, permitiría curarlo de la sífilis.
Federico Andahazi

* orillas

(...) y uno comienza a preocuparse más por lo que puede haber del otro lado. Tal vez la eternidad sea despertar de una siesta bien dormido con los ojos entregados al asombro (...)
Leonardo Favio; entrevista de Alberto Farina

* ornamental

Existe entre nosotros la viciosa costumbre de usar a los escolares como decoración. No hay fiesta, recordación o aniversario en que no se los haga desfilar, muertos de frío y con las manos moradas, al viento o al sol, en hileras regulares y monótonas, sirviendo de telón de fondo a una fiesta que no comprenden, de la que no disfrutan y a la que no pertenecen. Vuelven a sus casas fatigados, roncos, a menudo febriles; si faltan a la fiesta hay penas disciplinarias, pero después tienen que estar ausentes, con certificado médico... En pocas partes hay menos respeto al niño que en Buenos Aires. (...) El niño porteño es criado para modoso y pacato; el gran triunfo de la vitalidad argentina es que luego no resulta así. La máxima adquisición psicológica del mundo porteño es la absoluta insumisión de las nuevas generaciones.
Florencio Escardó

* ostentación

Se produjo (...) una quiebra en el campo de los prestigios reales. (...) Comenzaron a medirse los prestigios en términos de publicidad, de pecunio. Todo aquel que no tendiera a hacerse importante, a hacer

público, recibió la carga del desprecio común. (…) El prestigio se cambió por la notoriedad.
Eduardo Mallea, en los cuarentas del siglo XX

* pajarón
(…) presuntuoso, persona de más prestigio que valía
(...)
Adolfo Bioy Casares

* pálidas
Un azar del periodismo quiso que en ese mismo 25 de
setiembre [1988], *Clarín* y *Página/12* dedicaran buena
parte de sus suplementos dominicales a la situación de
la juventud argentina, vagamente estimada en la franja
de 15 a 24 años. De sus estadísticas y respuestas surge
nítidamente que los jóvenes argentinos leen muy poco,
así que entre ellos no abundarán quienes sepan
realmente quién fue Nixon ni qué fue Watergate. A
muchos les parecerá que eso es historia antigua, tan
aburrida como otras "pálidas" que cuentan latosamente
los mayores (Hitler, Stalin, Franco, López Rega,
Auschwitz, Hiroshima, Ezeiza).
Homero Alsina Thevenet

* paradoja
Nueve reinas fue un hito —la gente la elogiaba con un
insulto: "No parece argentina"—, y la actuación de
Darín levantó ovaciones.
Leila Guerriero

* parentela
La alta sociedad argentina era una tribu de tíos y primos.
Cuando uno le mencionaba a uno de esos argentinos otro

apellido argentino, me respondía: "Son mis primos".
anónimo médico francés; citado por Hugo Beccacece

* parentesco
Italianos y argentinos no solo se confunden al oído;
también, fácilmente, a la vista: nos parecemos tanto en
la manera de movernos, de mostrarnos al mundo. Y
nuestra forma de hablar con las manos, y nuestro
modo de creernos más que lo que somos y convencer
a otros, y nuestro uso magistral de la promesa sin
futuro, y nuestra habilidad para crear espejismos con
palabras y ese arte de la sociología de café que nos
permite intentar argumentos como este.
Martín Caparrós

* pecaminoso
Y es triste reconocer que lo cómico, lo humorístico,
estaba hasta hace muy poco tiempo desterrado de
nuestra enseñanza, como elemento al parecer
"pecaminoso".
Sin embargo, nada más "pecaminoso" que la tristeza,
esa tristeza que hemos querido inculcarles a nuestros
chicos a través de una vasta y mediocre producción
poética llena de lúgubres resonancias.
María Elena Walsh

* peculiaridades
(…) Buenos Aires es una ciudad única: no se parece a nada
porque es de todas partes. Buenos Aires es ciudad española
pero también italiana. Es ciudad judía, rusa y polaca.
Carlos Fuentes

* pedido

El gato tiene cola
y el pescado tiene espina:
no se hagan los vivos
y aflojen la propina.

del repertorio de las murgas; citado por Tulio Carella

* pelea

(...) la vida es lucha. Lucha el picapedrero contra el granito para hacer el adoquín; lucha el diente contra el turrón; el páncreas contra el azúcar; el hígado contra el huevo frito; Racing contra Lanús. Jurídicamente luchan el Fiscal contra el Defensor. Y el póker es una lucha, amigos. Vivimos luchando.

Wimpi

* peligroso

[hay quienes] sólo aman las ilusiones perdidas y con la edad practican la melancolía y el desgano.

Tulio Carella

* pendiente

(...) ¿quién se va a encargar de echar a los que tienen la manija soldada con autógena?

Tato Bores

* pendular

(...) comparando aquella "sociedad del ahorro" con esta sociedad de consumo.

Arturo Jauretche

* penoso

¿Cuándo el arte se convierte en un derecho humano? Cuando alguien no sabe de su existencia. No es obligatorio que nos guste la Novena Sinfonía de Beethoven. Lo penoso es cuando aquel que la hubiera gozado, no la escuchó nunca.

Roberto "Tito" Cossa

* peor

Hay algo peor que la censura: la autocensura. El vigilante en la cabeza. La censura sólo contamina al inquisidor, lo rebaja o (como con frecuencia ocurre) lo ridiculiza; la autocensura lo envilece a uno.

Abelardo Castillo; citado por Sylvia Saitta

* pérdida

(...) se fue tan antes de tiempo.

Edmundo Rivero en relación a la muerte de Carlos Gardel

* perdurar

(...) entrar en la historia es la más fácil y trivial de las tareas (Pilatos lo consiguió con sólo lavarse las manos). Lo difícil es permanecer en ella. (Para conseguirlo Pilatos tuvo que meterse en el Credo).

Florencio Escardó

* perentorio

(...) en el cuadro del continente que integramos, quizá ningún país tenga como la Argentina deberes tan urgentes que realizar, planteados por sus increíbles

posibilidades. Nuestra condición de necesidad es, así, máxima.
Eduardo Mallea, en los cuarentas del siglo XX

* perfil
En mi opinión, los argentinos son gente psíquicamente muy complicada, difícil, incluso misteriosa, capaz de hacer cosas muy raras e inesperadas.
Witold Gombrowicz

* periodista
Entregado después y por completo a las tareas del periodismo, me dio la loca por meterme a desfacedor de entuertos políticos, y por esto me llamaron, entre otras cosas, atrasado, ignorante, retrógrado, insensato, pelafustán, botarate, ridículo, tonto, envidioso, necio, mentecato, presuntuoso, pedante, atrevido, embustero, chismoso, plagiario, desvergonzado, bochinchero, tramposo, vil, calumniador, difamador, pérfido, vengativo, rencoroso, zafado, ruin, hipócrita, desleal, falsario, borracho, indigno, cobarde, vendido, indecente, inmoral, farsante, malévolo, ingrato, crápula, corrompido, zoquete, bodoque, ladrón, asesino, sucio y feo, que fue lo que más me hirió.
La memoria no ha podido conservar (…) con ser de lo mejor que tengo, la lista completa (…)
Andando los años, cansado de esperar que me rompiesen algún hueso, como a diario me lo prometían, me lo rompí yo mismo, y tuve que interrumpir la labor diarística.
Bartolomé Mitre y Vedia

* permanencia

Los hombres decadentes son inconfundibles: no aspiran a transformarse sino a perdurar. Desean instalarse para siempre. Hacer pie en el instante. Para ellos la perpetuidad importa más que sus convicciones. No tienen principios: tienen estrategias. No tienen creencias: tienen intereses. Donde ellos triunfan, el futuro pierde toda relevancia. Es que tratan de sostenerse en la cresta de la ola. Al precio que fuere.

Santiago Kovadloff

* pero

Ganas de ir a buscar a la amiga que veo en mis fotografías de 1963. Conozco el número de teléfono y la dirección donde encontrarla, en 1986; pero yo quiero encontrarla en 1963.

Adolfo Bioy Casares

* persistente

(…) aunque ya hemos envejecido el dolor siempre parece recién nacido.

María Elena Walsh

* personaje

Es lo que ocurre cuando vas a contar un buen chiste. Saber que por un minuto o dos minutos vas a ser el centro de atención. Lo mismo que tener una gran anécdota. Es esa atención que se pone sobre el narrador. Hay un regodeo en eso, una satisfacción. Estimo que debe ser universal. Y en la tradición de tertulia nuestra, de los bares, de los cafés, del grupo de amigos, tener algo importante para contar te hace por un ratito el rey de la milonga.

Roberto Fontanarrosa; entrevista de Vicente Muleiro

* pituco

En cuanto al señorito que la ciudad llama "pituco", es el ocioso o engreído, que ejerce por autodeterminación una modalidad tan típica como universal -porque hay también una internacional de la tontería-, pero que sale lo mismo de las filas de la vieja familia venida a menos, que del gringo enriquecido o de la pseudo aristocracia viajera.

Florencio Escardó

* porcentajes

Un director técnico que sepa fútbol puede colaborar a lo sumo en un diez por ciento para conseguir un triunfo; si no sabe, perjudica a su equipo en un cuarenta por ciento.

Alfredo Di Stéfano; citado por Dante Panzeri

* posicionarse

Habrá gente para la cual la militancia política lo va absorbiendo tanto que le quita o le agota la necesidad de escribir, entonces no escribe más. Y hay gente que decide no militar y sí escribir. Yo creo que las dos actitudes pueden ser legítimas. Pero hay una tercera clase de gente, como Paco Urondo, y en América Latina los ha habido, como en el caso de José Martí, que ha tenido tiempo y fuerzas para darse a las palabras y a los hechos por igual.

Juan Gelman; citado por Pedro Orgambide

* pragmático
Y pasemos a las cosas, como cierta vez -allá por 1930-
les sugirió Ortega y Gasset a los argentinos.
Gonzalo Aguirre

* precaución
Poner un empresario a manejar un país, es como poner
a un perro a cuidar el asado.
Luis Landriscina

* precavidos
Entre 1875 y 1907 se importa en la Argentina alambre
suficiente para rodear con un tejido de siete hilos 140
veces el perímetro de la República.
Ricardo Piglia

* precedente
No hay nada más molesto ni más triste que tener que
vivir en una casa en la que están haciendo obras todo
el año, y en Buenos Aires todo el año hacen obras.
Santiago Rusiñol, 1910

* precisión
En 1985, Abelardo Castillo publicó la novela *El que
tiene sed*, alusión a la etimología del término dipsómano.
Para esos años, respondió lúcidamente a un
cuestionario periodístico, más o menos con estos
términos: la relación entre talento artístico y alcohol la
desmienten las estadísticas; el número de alcohólicos
que no son artistas es infinitamente mayor al de los que
sí lo son. Y entre los artistas, los índices de alcoholismo

apenas superan a los de la sociedad en general.
Jorge Aulicino

* preciso
(...) el artista plástico Federico Peralta Ramos aclaraba
muy racionalmente que él no era loco ni raro, sino
psicodistinto.
Carlos Maria Caron

* predisposición
(…) el porteño le teme más al ridículo que al fracaso.
Por eso es torvo, envarado y reticente. Cuando entra en
un bar elige la mesa de la ventana, o la de la pared,
nunca la que está en el medio del salón.
Isidoro Blaisten

* preferencias
(…) pues si algo somos ahora con precisión es esto: el
país del primer esfuerzo. (…) Denostamos todo
aquello que nos moleste proponiendo a nuestra pasión
rumbos más difíciles o extensos. De ahí que se odie
aquí colectivamente lo sobresaliente en sus más altas
formas de tenacidad y repetición en el esfuerzo -o sea
lo que concierne al intelecto- y se festeje sin medida lo
sobresaliente por la bravata, el azar o la aventura -o sea
lo que concierne a lo hazañoso.
Eduardo Mallea, en los cuarentas del siglo XX

* pregunta
¿Qué significaba este odio, por qué nos mataban así?
Rodolfo Walsh

* preludio
A Beatriz Guido le gustaba decir que había empezado
a ser novelista con su primera mentira.
Edgardo Cozarinsky

* premiado
El oportunismo político le privó de ganar el Premio
Nobel que tanto anheló. Peor para el premio: no se
merece a Borges. Pero sus lectores todos, todos los
días, le ofrecemos el placentero desagravio de la lectura
que es, argentino noble que era, nuestro premio.
Guillermo Cabrera Infante

* preocupación
Hay que tener mucho cuidado y no caer en lo
pintoresco del indio, de su idioma y su poncho. (…)
Soy bilingüe, conozco bastante bien el quechua, esa
lengua poética, pero usted no me va a oír cantar en
quechua para hacer un show "original"; eso no, muero
antes. Hay cosas que exigen un gran respeto y no
deben prestarse para esos menesteres baratos.
Atahualpa Yupanqui

* preocupante
Cuando manyés que a tu lado se
prueban la ropa que vas a dejar
Enrique Santos Discépolo

* presencia
Con admiración recuerdo el nombre de algunos viejos

médicos cuya sola entrada sanaba al enfermo. ¡Cuánta
irónica sonrisa mereció esta deslumbrante verdad!
Ernesto Sabato

* presupuesto
En la biblioteca no tenemos ni un mango para comprar
un grano de café. ¿A quién puede sorprenderle que en
la Argentina una entidad cultural no tenga presupuesto?
Alberto Manguel, siendo director de la Biblioteca
Nacional en Buenos Aires

* primicia
Girri contó que en un café oyó a una mujer que
hablaba desde un teléfono público, con alguna amiga o
pariente, sobre una sesión de espiritismo de la que
venía: "Mamá y papá están de lo más bien y ¡agarrate!
Edelmiro ya se ha reencarnado".
Adolfo Bioy Casares

* principios
Elpidio González, gran amigo de nuestras tertulias, que
ya entonces proclama el credo radical (...) en "Los
Inmortales", y que hoy, al cabo de sus luchas y de
haberse encumbrado hasta la vicepresidencia de la
Nación, vive en una digna pobreza por realizar el gesto
más bohemio y digno de un hombre: rechazar la pen-
sión nacional acordada a su rango.
José Antonio Saldías

* prioridades
Yo soy de los que piensan que antes de desarreglar la

luna, convendría que arregláramos la tierra.
Juan Domingo Perón; citado por Herbert Klein

* problema
En el fútbol se está ganando demasiada plata; a los jugadores eso nos enloquece.
Roberto Perfumo, 1967; citado por Dante Panzeri

* proceso
Nunca puedo escribir música por escribir. Preciso una letra primero. Una letra que me guste. Entonces la mastico. La aprendo de memoria. Todo el día la tengo en la cabeza. Es como si la fuera envolviendo en la música. Es muy importante para mí lo que dice la letra de una canción.
Aníbal Troilo, *Pichuco*

* profesionales
Sí, hay señores empleados que podrían poner en la tarjeta, bajo su nombre, esta leyenda: "Enfermo profesional".
No hay repartición de nuestro gobierno donde no prospere el enfermo profesional, el hombre que trabaja durante dos meses en el año, y el resto se lo pasa en su casa.
Roberto Arlt

* promedio
La diferencia entre Argentina y Brasil es que acá se piensa mucho y se construye poco, y allá se piensa poco y se construye mucho. Hay que buscar el equilibrio entre las dos realidades.
Jorge Jáuregui

* promesa
Desde que era chiquitito que vengo escuchando que hay que sacrificarse en aras del futuro. El lema nacional siempre ha sido *jódanse hoy para disfrutar mañana* y uno pone el hombro pero el futuro por definición se pianta y uno jamás lo puede alcanzar.
Tato Bores

* propiedad
Mi patria es linda y de algunos.
Ricardo Molinari

* protagonismos
Un mito de primera necesidad. (...) No importa que cada veinticuatro horas surja un nuevo "amigo" de Gardel ni que puedan llenarse varias piletas de natación con los cafés con leche que aseguran pagó a sus amigos en la mala. (...) La verdad puede ser relegada en la medida en que su contribución no sea imprescindible.
Horacio de Dios

* protección
El cubremantel de plástico hizo inmediatamente sistema con los métodos barrocos y obsesivos de protección doméstica: carpetas para apoyar centros de mesa, tablitas para la pava o la tetera, bandejas para las bebidas, fundas para los sillones y las sillas, posavasos, posafuentes. El cubremantel ofrece una especie de invisibilidad pactada: hago como si fuera invisible y todo el mundo hace como que no me ve, pero estoy allí para evitar los círculos

morados de los vasos de vino tinto, las salpicaduras de salsa de tomate o de café con leche. Considerado siempre como un objeto poco distinguido, el plástico transparente delataba que, en esa casa, la gente era prolija y no podía permitirse el riesgo de arruinar un buen mantel blanco, quizás bordado a mano. Incluso se da el caso de vistosos manteles de plástico, cubiertos a su vez por extensiones de otro plástico transparente que atenuarían la posible quemadura de un cigarrillo o la marca de una fuente recién salida del horno. El cubremantel es una especie de custodio de todas las distracciones. Hoy encuentra otros usos.
Beatriz Sarlo

* provisoriedad
[Ezequiel Martínez Estrada] era un hombre que presentaba problemas cuyo diámetro era mayor a cualquier solución posible. Percibía que solucionábamos nuestros problemas con parches, con apósitos, o a partir de triunfos momentáneos, de manera que, inevitablemente, la tragedia volvería a brotar en el futuro. No es que profetizaba, sino que identificaba un mecanismo por el cual, como él mismo lo decía, a un viejo problema lo solucionábamos con un nuevo problema. Drama, sí.
Christian Ferrer; entrevista de Héctor Pavón

* prueba
Es cierto que [Gardel] "cada día canta mejor". Basta escuchar un par de discos para reconocerlo.
Horacio de Dios

* publicaciones

(…) yo soy uno de esos escritores que nunca van a tener público, pero siempre van a tener lectores, lectores sueltos. Nunca van a coagular en público, que es lo que hace al negocio. En mi caso no va a ser así. (…) Pero, bueno, los editores, aun el más comercial, tienen siempre un nicho para algo que les guste aunque no les dé plata, que es mi caso.

César Aira

* puntualización

Disfruto mucho la amplitud temática de la literatura argentina, pero en otros temas no me envuelvo en la bandera de mi país. No me interesa el futbol, no pienso que Gardel cante mejor cada día, estoy seguro de que Dios no es argentino, no me psicoanalicé nunca.

Rodrigo Fresán; citado por Julia Santibáñez

* quebranto
Si no se pasa con milanesas y papas fritas es tristeza en serio.
@LaGodoy

* queja
Durante muchos años yo me quejé de la deficiencia de mi educación: en el Nacional no enseñan griego ni latín; tampoco enseñan a gustar o amar a los clásicos; sólo a aburrirse con ellos.
Tulio Carella

* quereres
Las cosas que quiero: mis hijas, el trabajo oscuro que hago, los compañeros, el futuro, los que no obedecen, los que no se rinden, los que piensan y forjan y planean, los que actúan, el análisis claro, la revelación de lo escondido, el método cotidiano. La furia fría, la alegría general que ha de venir un día, la gente abrazándose, la pareja en su amor, la esperanza insobornable, la sumersión en los otros.
Rodolfo Walsh

* querido
(…) la proyección sentimental del barrio. El barrio es la vereda iluminada de nuestros primeros juegos, la esquina anochecida de la cita amorosa, el sitio de nuestras ilusiones y, tal vez, de nuestro primer desengaño. El barrio es la cuadra de la infancia que se ha ensanchado en nuestro recuerdo.
José Edmundo Clemente

* quid
Debido a que la velocidad de la luz es mucho mayor a la del sonido, ciertas personas nos parecen brillantes, un rato antes de escuchar las pelotudeces que dicen.
Roberto Fontanarrosa

* quiebre
(…) la ausencia de una cultura del bien público (…)
Ahora ocurre que toda la sociedad parecería considerar lo público como "bien monstrenco", como una cosa de nadie. Y esto necesariamente se refleja en la disposición a eludir impuestos, normas, deberes, solidaridades. Lo que muestra que habría que insertar el respeto a los bienes públicos en el modelo cultural de desarrollo.
Augusto Pérez Lindo

* quimera
Acaso lo esencial de la vida argentina es ser promesa.
José Ortega y Gasset

* rarezas

(…) como realidad geográfica el Río de la Plata frente a Buenos Aires es un hecho extraordinario de toda extraordinariedad. (…) es casi un río de tierra y los barcos que lo cruzan no lo navegan: lo transitan; ha sido necesario hacerle canales que son como los caminos de una pampa; serpenteantes e irregulares. No hay piloto en el mundo capaz de encontrarlos, un "práctico" debe acompañar a los transatlánticos apenas salen de Montevideo. El río no admite navegantes, requiere rastreadores. Como la pampa.

Más que ningún otro río, no es jamás igual a sí mismo; el fondo se eleva, se transforma y se desplaza, lleno de bancos que mañana (un mañana geológico) serán islas; sus islas de hoy cambian de continuo y crecen como plantas y con las plantas de sus orillas. Se agrandan como se agranda una selva. (…)

El Río de la Plata no sólo no se parece a ningún otro río de la tierra, sino que rompe toda esquematización de lo que se tiene por río (…) es un río sin orillas, mucho más vegetal que hidrográfico. Inmenso genitor, más que un líquido andante es una entraña de limo, que se recuesta sobre Buenos Aires una masa casi protoplasmática que algunos días aparece como cuajada de abundosa en resacas.

Florencio Escardó

* reacción

Te sentís escritor vos mismo, por una decisión tuya en cualquier momento. De pronto has tenido un gran amor, se te ha ido o te has ido, estás deshecho del

dolor y de repente, pensás: "¡Qué historia es ésta! Me parece que está para escribirla". En ese momento, decís: soy escritor. No soy un enamorado, porque el enamorado se mata o sale corriendo a buscar a la persona amada. El tipo que al perder un gran amor piensa "Qué tema para un cuento o para una novela", ése es un escritor.
Abelardo Castillo

* reacio

¡Ah, la maldita subordinación económica que obliga atenciones con quien paga el plato de sopa que exige nuestro castigado estómago!
Enrique González Tuñón

* realismo

Al tipo le gustaría que el reumatismo no le doliera, que el tropezón no lo desequilibrara, que la urticaria no lo hiciera rascar. Y, sin embargo, se pasa la vida rascándose, cayéndose y quejándose.
Wimpi

* reaseguros

Las buenas noticias, la publicidad de los logros, el clima de optimismo, los reproches a los escépticos, son típicos de las tiranías. Cuanto más sangrienta es una dictadura, más jolgorio y esperanza, más "yo tengo fe" y "felicidad jajá jajá" se difunde (…)
El malestar en la cultura, y de la cultura, la crítica, la disconformidad, la rebeldía, y tantos otros signos de lo que se tilda de negativo, son los reaseguros de que la

raza humana no se congele en la farsa sádica o en la resignación humillante.
Tomás Abraham

* rebeldía
Si se piensa que el tango mira a su alrededor y ve lo visible penoso –la mala vida, el perdulario, la viciosa, la mujer esclavizada, el placer por el dinero, el paraíso artificial y las enfermedades venéreas-, en un momento en que la poesía erudita habla de búcaros con rosas, lagos con cisnes, y cielos con ángeles, podrá comprenderse el ingente esfuerzo de creación que realiza de manera colectiva. El tango piensa ya en la justicia social, y contrapone la Quema de la Basura a los palacios, botellas de vino a las ánforas, prostitutas a las princesas y mate amargo a la ambrosía.
Tulio Carella

* rechazo
(…) la parrillada me parece una inmundicia. Una inmundicia y una falta de decoro; mire que comer tripa gorda, chinchulines, riñones, testículos, entrañas… En fin, las partes más indeseables y pudorosas del animal.
Jorge Luis Borges; citado por Roberto Alifano

* recomendación
Cuando estés en la vereda y te fiche un bacanazo
vos hacete la chitrula y no te le deschavés,
que no manye que estás lista al primer tiro de lazo
y que por un par de leones bien planchados te perdés.
Celedonio Flores

* reconfortante
Te voy a extrañar, dijo, y no te voy a olvidar. Mentía.
Pero no me importa, las mentiras, me dijo, hacen más
llevadera la vida.
Ricardo Piglia

* reconocimiento
No hay mejor diversión que el fútbol. ¡Cuánto se debe
a la industria británica! Hay que hacerle un homenaje a
los ingleses que fueron por todo el mundo con el
ferrocarril, pero además llevaban el fútbol.
Alfredo Di Stéfano

* recreación
Sólo la seguridad económica garantiza la indiferencia
respecto al dinero, el desprecio al bajo mercantilismo,
que constituye, según los exégetas de la burguesía, la
condición de la más alta espiritualidad. (…) El desdén
por la actividad útil y productiva debe ponerse en
evidencia mediante una ostentación del ocio, empleo
del tiempo en actividades banales, no utilitarias.
Algunas de estas ocupaciones del ocio, sujetas a
variaciones de acuerdo con el cambio de generaciones,
con la edad y con el sexo, son: prácticas devotas, obras
de caridad, colección de antigüedades, deportes costosos poco accesibles a la mayoría (rugby, golf, equitación, polo, tenis, pato, yachting, hockey, sky
acuático), juego de cartas (bacará, bridge o canasta
según las épocas), cuidado de animales de raza, caballos
o perros, y además, fiestas, visitas, concurrencia a

lugares de moda, viajes a Europa, vicios costosos, flirts.
Juan José Sebreli

* recursos
(…) hoy, en este país, el que no vuela anda en
submarino (…)
Roberto Arlt, 1929

* reducido
Bailar en una baldosa: según algunos, proeza de patio
de conventillo; según otros, ejercicio carcelario en la
escueta superficie de la celda.
Edgardo Cozarinsky

* reemplazo
(…) sinónimos: palabras que sin la incomodidad de
cambiar de idea, cambian de ruido.
Jorge Luis Borges

* reiteración
El tipo actual no tiene ideales fundamentales. Pequeños
ideales, sí, claro: cambiar de automóvil, resolver el
problema de la casa propia, jubilarse.
Wimpi

* remiendos
El tipo siempre se dedicó afanosamente a componer
las cosas, ya que nunca se sintió capaz de hacerlas de
nuevo, e inventó el parche, la media suela y el hilo de
zurcir.
Wimpi

* renovación

El lunfardo, llamado policialmente "lenguaje canero", es una modalidad aparte dentro del vocabulario popular; comprende signos convencionales a una agrupación determinada de individuos. (...)
Significaciones especiales que desaparecen como herramientas de oficio cuando son sorprendidas por la pesquisa y persisten sólo a título de curiosidad lingüística. Las palabras equívocas, como las personas de igual conducta, al verse descubiertas cambian de disfraz, a fin de continuar despistando a las autoridades.
(...) Pocos de los términos divulgados por el tango y la crónica sensacionalista continúan en manos de sus primitivos dueños.
José Edmundo Clemente

* renuncia

Y creo que un trabajador no tiene privilegios en mérito a la función que cumple. Niego esa aureola, esa condición de aristócrata con que se han revestido muchos escritores burgueses. ¿Qué diferencia hay entre lo que hacía mi abuelo, que era carpintero, o mi padre, un tendero y vendedor ambulante, y lo que yo hago? Mi abuelo manejaba el serrucho y la garlopa; yo manejo mi máquina de escribir, mis ideas y un lenguaje. Ni siquiera estoy exceptuado del esfuerzo físico. No quiero que mi oficio me destaque o jerarquice: como dice Mario Benedetti, "no hay prioridades para el escritor". El único privilegio al que puedo aspirar es que algún día mis compañeros albañiles o mecánicos me reconozcan como uno de los suyos. Y así como

alguien podrá decir "mi orgullo es ser albañil", yo diré "mi orgullo es ser escritor" el de construir historias tal como el albañil construye casas.
Haroldo Conti

* replanteo
Yo siempre digo, y no es broma, que a la propiedad privada no hay que combatirla ni defenderla. Hay que difundirla. ¿Por qué hay grandes propiedades privadas? Porque hay grandes masas privadas de propiedad.
Mamerto Menapace

* réplica
- ¿Por qué esta agresión gratuita?
- ¡Si quiere se la cobro!
Roberto Fontanarrosa

* representar
La simulación exige siempre "caretear". Ponerse una careta, una máscara como en carnaval. El problema es que de tanto usarla, el simulador acaba por desconocerse a sí mismo. Deja de ser persona y se convierte en personaje. La vida es para él representación.
Mempo Giardinelli

* represión
El manual argentino de normas sociales de 1938 aconsejó: *"La manifestación del dolor quede para la intimidad de nuestra habitación, aunque más no sea que por la inelegancia del llanto. En público sepamos amordazar el corazón y mantener*

secos los ojos y reposada la lengua. A fin de que no decrezca el prestigio de nuestra distinción".
José Pedro Barrán

* repulsa
El abdomen burgués me produce asco. Me indigna la injuria de esa bestia que se nutre junto a la vidriera del restaurante abofeteando a la miseria que pasa.
Enrique González Tuñón

* requisito
Se acaba de aplicar en Argentina una ley que prohíbe la entrada en el país a los ciudadanos con una estatura menor de un metro ochenta y cinco centímetros. Se trata, en otras palabras, de cerrar las puertas a los "chaparros" [petisos]. No se sabe si por su falta de aptitudes para bailar el tango o por el temor de que despierten curiosidad. Puede ser (…) que se considere, más o menos a priori, que un enano del cuerpo lo es también del alma o de la inteligencia.
José *Pepe* Alvarado, 1959

* reserva
En mis ojos guardo la lágrima que no se acaba de llorar. La lágrima perdurable a través de todos los llantos.
Enrique González Tuñón

* resignificación
Es necesario recuperar la noción de que cultura es todo lo que el hombre hace por su progreso y su dignidad,

no sólo la producción de obras artísticas a menudo desentendidas de la desdicha de infinitos congéneres.
María Elena Walsh

* resistencia
El éxito mayor de una dictadura se produce cuando los reprimidos siguen reprimiéndose solos, a sí mismos. Por vergüenza, por temor al ridículo, o por lo que sea, pero es lo que ocurre. Creo que todas estas pequeñas represiones e incomunicaciones cotidianas son importantes. No debemos dejarlas pasar porque el entrenamiento que produce combatirlas con éxito nos hace bien y se contagia a otros aspectos de la convivencia. Y la convivencia con solidaridad es la única forma hermosa de vivir que existe en este planeta.
Rodolfo Livingston

* resistente
El pueblo recoge todas las botellas que se arrojan en el agua con mensajes de naufragio. El pueblo es una gran memoria colectiva que recuerda todo lo que parece muerto en el olvido.
Leopoldo Marechal; citado por Alberto González Toro

* respetuosamente
Con todo respeto, proponemos cambiar uno de los versos del Himno Nacional, es el que dice "juremos con gloria morir" por "juremos con gloria vivir".
Alfredo Moffatt

* responsabilidades

Cuando las miserias morales asolan a un país, culpa es de todos los que por falta de cultura y de ideal no han sabido amarlo como patria: de todos los que vivieron de ella sin trabajar para ella.

José Ingenieros

* respuesta

(…) la dignidad de un pueblo se mide por su capacidad de indignarse.

Rodolfo Livingston

* restauración

(…) sujeta a un cambio continuo o irregular.

Lo mismo sucede con los edificios antiguos de significación histórica; la ciudad [Buenos Aires] los ha ido destruyendo poco a poco sin remordimiento y sin notarlo siquiera, transformándose así en una urbe sin memoria. De pronto le ha avergonzado su desaprensión y ha recurrido apresuradamente al reencuentro de sus recuerdos; no ha tenido más remedio que fabricarlos de nuevo; ha vuelto a edificar el Cabildo que había demolido, dándose la ilusión casi cómica de que nunca lo perdió; y ha rehecho el frente de algunas iglesias antiguas. Entretanto deja derrumbar silenciosamente lo poquito legítimo que le queda.

Las antiguallas no le dicen nada, como no le dice nada al adolescente el guardapelo de la bisabuela; no es desapego, es franqueza; no siente los recuerdos y no los tiene; la emoción de sus sentimientos es esperanza, no añoranza; esperanza inconcreta, difusa, sin plan; más

entrevisión vital de que su madurez ha de cumplirse que sabiduría de cómo eso ha de ser.
Florencio Escardó

* restricciones
Me fui a Europa siendo muy joven, sin plata y casi sin compañía. Un viaje de aventuras burguesas. Pero esas dificultades, como no saber dónde apolillar… digamos que el pánico verdadero reemplazó al pánico ficticio. La gente pobre no tiene tiempo para ataques de pánico, tienen pánico verdadero. A veces confundimos los pequeños dramas burgueses y creemos que son los de toda la humanidad. Y no.
Alejandro Dolina

* resuelto
Estoy lleno de adioses para aquello que no sea mi verdadero destino.
Raúl González Tuñón

* resultado
- ¿Y usted cómo se gana la vida?
 - ¿Ganar? ¡De casualidá estoy sacando un empate!
Roberto Fontanarrosa, *Inodoro Pereyra*

* retos
El ser humano sabe hacer de los obstáculos nuevos caminos porque a la vida le basta el espacio de una grieta para renacer.
Ernesto Sabato

* retrasado
Era el hombre que había perdido el tren. En el amor
me sucedía lo mismo; siempre llegaba tarde.
Raúl González Tuñón

* riesgo
Porque los cansancios cívicos son siempre inconducentes,
o bien pueden conducir a las peores resoluciones.
Mempo Giardinelli

* riqueza
"La solidaridad es el lujo de los pobres", me dijo un
amigo al fin de un viaje por una vasta región sumergida
en la pobreza.
Pedro Orgambide

* ritmos
El cine es más rápido que la vida, la literatura es más
lenta.
Ricardo Piglia

* rótulo
Poner una etiqueta a un hombre es convertirlo en una
sigla. Eso tranquiliza a los débiles de espíritu. Las
etiquetas tranquilizan porque la ambigüedad asusta.
Isidoro Blaisten

* rutina
(...) algunas cosas se hacen tan nuestras que las
olvidamos.
Antonio Porchia

* saberes
Una vez me reí porque un albañil escribió "semento"
Mi viejo me dijo "él sabe levantar una casa, ¿y vos?"
Alberto Delgado

* salud
Estoy sano cuando mis enfermedades no me molestan.
Adolfo Bioy Casares

* saludable
Mi padre —un obrero de lo real, y emigrante- solía
dañar considerablemente al idioma castellano. Cuando
un día, al señalarme a una muchacha, comentó "es
saludable, saluda a todo el mundo", pensé que estaba
más cerca de la poesía que yo y muchos de nosotros.
Esteban Peicovich

* salvación
Estuve 64 días en coma. Tengo recuerdos auditivos.
Algún llanto de mujer. Alguna música. Después supe
que me ponían música y trataban de darme buenas
noticias. Parece que un día se me acercó el médico y
me dijo: "Racing le ganó a River dos a uno". A lo
mejor fue eso lo que me salvó.
Sergio Renán

* satisfecho
De mí se dirá posiblemente que soy un escritor
cómico, a lo sumo. Y será cierto. No me interesa
demasiado la definición que se haga de mí. No aspiro

al Nobel de Literatura. Yo me doy por muy bien pagado cuando alguien se me acerca y me dice: me cagué de risa con tu libro.
Roberto Fontanarrosa

* secuencia
La prohibición es parte de la idiosincrasia nacional, parece. Primero se prohíbe y después se justifica la prohibición con alguna excusa.
Rodolfo Livingston

* seguridad
Endijpué de tantos años, si tengo que elegir otra vez, la elijo a la Eulogia con los ojos cerrados. Porque si los abro elijo a otra.
Roberto Fontanarrosa, *Inodoro Pereyra*

* selectividad
Cuando un grupo de amigos no enrolados en ningún equipo se reúne para jugar, tiene lugar una apasionante ceremonia destinada a establecer quiénes integrarán los dos bandos. Generalmente los jugadores se enfrentan en un sorteo o pisada y luego cada uno de ellos elige alternativamente a sus futuros compañeros. Se supone que de los más diestros serán elegidos en el primer ruedo, quedando para el final los troncos. Pocos han reparado en el contenido dramático de estos lances. El hombre que está esperando ser elegido vive una situación que rara vez se da en la vida. Sabrá de un modo brutal y exacto en qué medida lo aceptan o lo rechazan. Sin eufemismos, conocerá su verdadera posición en el grupo. A lo largo de los años, muchos

futbolistas advertirán su decadencia, conforme su elección sea cada vez más demorada.
Alejandro Dolina

* semblanza
Enrique Santos Discépolo era un cuerpo flaco con un alma tan grande que le sobraba por todos lados.
Gustavo Varela

* semejanza
Asesorarse con los técnicos del Fondo Monetario Internacional es lo mismo que ir al almacén con el manual del comprador, escrito por el almacenero.
Arturo Jauretche

* sentencia
El que es feliz, al precio de desconocer el dolor ajeno, es un miserable.
Alejandro Dolina

* sentimentales
Se ha dicho que todos los tangos son el mismo tango. Que cada pieza es un fragmento de una misma queja. Que el hombre abandonado sigue apoyado en la misma esquina, y sigue doliéndose de los mismos agravios y de la misma herida.
(…) este repaso detenido de los ultrajes y las injurias que es el tango va nublando poco a poco la conciencia y va debilitando la voluntad. Al acabar su lamento, el hombre abandonado se siente más abandonado todavía, y su rencor es más hondo, y ante sus propias

razones lo ve más justificado y más necesitado de venganza.

A veces, por mitad del despecho cruza fugazmente una ráfaga de ternura. Es el recuerdo de la madre, *la viejita*, siempre a la espera del hijo trasnochador y pendenciero, o de los hijos, que ignoran en su inocencia la amargura del mundo.
Antonio Pau

* señalamiento
A veces el progreso es reaccionario.
Ernesto Sabato

* señas
Dejando caer insinuaciones a lo largo de la calle Pedro Mendoza, caminan lentamente las mujeres náufragas, luciérnagas del amor. Bichitos de luz, cuya alegría artificial se enciende parpadeante en la sombra encubridora, como una tentación.
Enrique González Tuñón

* ¿será?
Sólo se pierde lo que realmente no se ha tenido.
Jorge Luis Borges; citado por Ricardo Piglia

* seriedad
(…) el tango no se puede bailar desaprensivamente. No es una broma. El bandoneón se olvidó de la cerveza de sus orígenes alemanes y estudió metafísica.
Horacio de Dios

* sermón

Un día domingo el padre Damián había exagerado el tiempo dedicado al sermón. Quizás porque no había tenido oportunidad de prepararlo. Y en esos casos los de mi gremio solemos dar en longitud lo que nos falta en profundidad.
Mamerto Menapace

* sesgo

Aquí se ha querido ignorar la historia de los de abajo porque sólo se ha hablado del capital como fuerza constructiva pero no de los brazos.
Arturo Jauretche

* símil

En todo caso, la riqueza idiomática acrecentada entre otros con diccionarios de la Rima, de Sinónimos y Parónimos, es como disponer de un guardarropa bien provisto. No como el petiso del sexto D, que sólo tiene un pantalón (…)
Israel Chas de Cruz

* simulación

(…) Borges escribió sobre lo que consideraba una forma de hipocresía argentina: "No importa que haya pobres; lo que importa es que no se sepa". A veces, en este bendito país, es más importante parecer que ser.
Juan Bedoian

* sincerarse

Detesto y temo las entrevistas y todo lo que signifique

en cierto modo un examen. Hasta hace poco tenía colgado un cartel en mi habitación que decía: "Por razones de timidez no se aceptan reportajes de ninguna índole…" ¿Por qué? Porque temo defraudar al público. Temo no responder a la imagen que se ha formado de mí… Además, no soy realmente yo quien hace las tiras de Mafalda…

Es la verdad. Siento como si dentro de mí hubiera otro hombre. Un hombre que me maneja… Él es quien me dicta las ideas… Yo soy nada más que un peón de un desconocido.

Quino; citado por Adriana

* sincretismo

En Argentina se usan muchos los términos ingleses. *Goal kipper* era el arquero (…) El defensa era el *back*. *Half* es el medio. *Centro half* es el medio centro (…) Además mezclábamos una palabra en inglés y otra en español. No decíamos el *wing right*, decíamos el *wing derecho*, que es el extremo. El delantero centro era el *centro forward*.

Alfredo Di Stéfano

* singularidad

El carnaval es una fiesta de nuestra tristeza.

Ezequiel Martínez Estrada

* situado

Una cosa es "ser humano" en el conurbano de Buenos Aires o en las villas de la pobreza extrema, y otra cosa es "ser humano" en los barrios aristocráticos de

Buenos Aires o en París o en Seul. La "humanidad" como concepto totalizador que elimine las diferencias es un disparate ideológico.
José Pablo Feinmann; citado por Eduardo Roland

* soledad
Todos son muy amigos pero cuando subís al ring hasta el banquito te sacan.
Ringo Bonavena

* solidaridad
Que tu solidaridad no te haga desentenderte de las causas que la hacen indispensable. Ello te haría cómplice. Un "idiota útil" de esta sociedad de la exclusión y del agravio.
Pacho O'Donnell

* sospecha
Si no se pudiera robar, ¿qué fin habría en hacer gobierno?
Roberto Arlt

* subversivo
Cambalache, de Enrique Santos Discépolo. Integró las funestas "listas negras" durante la dictadura del Proceso de Reorganización Nacional (1976-1982).
Héctor Ángel Benedetti

* suficiente
Yo no investigo, no hurgo, no busco nada oculto: con lo visible alcanza.
Martín Caparrós; citado por Francisco Solano

* sugerencia

(…) cuando las vocecitas fallutas nos pintan todo de color de rosa, atarse más fuerte que nunca al mástil de las propias convicciones.

Héctor Zimmerman

* suntuosidades

En los años de la *belle époque* y en París, el modo más expresivo de hablar del derroche era decir "gasta como un argentino".

Antonio Pau

* sustitución

Macedonio Fernández comentaba un texto recién aparecido y escribía: "este libro viene a llenar un vacío (con otro)".

Germán Dehesa

* tácticas
Es un error pensar que para conservar un resultado hay que hacer lo contrario de lo que se hizo para lograrlo.
Marcelo Bielsa

* tajante
"El tiempo del folclore ha pasado", declaró [Alberto] Ginastera en 1962.
William Robin

* tango
Me pregunto por qué se baila de pié.
monseñor Duchène

* tanguera
En el tango la mujer es sujeto sexual bastante antes de que sea aceptado en la moralidad cotidiana. Es cierto que ese carácter deseante va a producir en el hombre el temor al abandono y con ello, toda una serie de dispositivos morales: la traición, la venganza o el resentimiento son algunos de sus efectos; la necesidad de un tipo de mujer Purísima como la madre o la novia es un signo reactivo frente al deseo femenino; la violencia física que expresan algunas de sus letras con las marcas de la impotencia masculina y las réplicas de un orden patriarcal en crisis. El tango canción declara la experiencia social de pérdida de poder del hombre y de su debilidad ante la fuerza del deseo de la mujer. (…) Todo es motivo de tentación y amenaza. Pero el gran motivo de ese peligro y de esa tentación es la

mujer, esa mujer, "la mina", que quiere y desea por fuera del hombre que está entregado a ella. El reproche masculino es, a la vez la afirmación de ese deseo, es la puesta en acto…

Gustavo Varela; citado por Sergio Pujol

* tanos

La influencia italiana en la Argentina tiene lógica: entre 1870 y 1920 llegaron al puerto de Buenos Aires unos tres millones. Fueron casi dos tercios de la inmigración total y su impacto en la cultura nacional fue incomparable. La pizza, la pasta y la milanesa son las comidas argentinas. Laburo o fiaca o pibe o gamba o mufa o birra son palabras de los dos idiomas y el tango no habría existido sin el aporte de De Caro, Manzi, Cadícamo, Discépolo, Magaldi, Troilo, D'Arienzo, Merello, Piazzolla y tantos tanos más. Tampoco el deporte nacional sin Fangio, Di Stéfano, Menotti, Bilardo, Bielsa, Bianchi, Batistuta, Sabatini, Ginóbili, Locche, De Vicenzo, Cambiasso. Nuestras artes serían tanto peores sin Spilimbergo, Soldi, Berni o Castagnino, nuestras letras tanto mejores sin Ernesto Sabato. Se calcula que la mitad de los argentinos vivos —argentinos vivos— tiene alguna sangre italiana en algún sitio.

Martín Caparrós

* tareas

Al servicio militar (…) le llaman la *colimba* (Corre, Limpia y Barre).

Enrique Ortego - Alfredo Relaño

* techo

Qué lindo es ser rica. Rica y propietaria.

Cuando era joven, alquilar una casa, pagar la renta, me parecía normal y hasta deseable, acaso no lo es elegir donde se vive y cambiar y moverse por la ciudad. Ahora estoy en completo desacuerdo con mi yo juvenil y, en un giro hacia el argentinismo más patente, quiero lo que aquí llamamos "ladrillos", es decir, una casa propia, el sueño, el lema y el mandato familiar de los abuelos inmigrantes.

Mariana Enríquez

* tema

Hoy ya se discute sobre ecología… no hace tanto la ecología era cosa de maricones.

Roberto "Tito" Cossa; citado por Rodolfo Braceli

* temor

(…) al final [Jorge Luis Borges] estaba un poco harto ya hasta de su propio nombre y de su gigantesco renombre. No sé a quién le leí que esa fue una de las razones que le llevaron a querer morir en Ginebra, lejos de Buenos Aires. Hacía poco que todos los medios de Argentina habían seguido con minuciosidad la agonía de no sé qué personaje famoso y Borges temía que le sucediera lo mismo. «Acabarían vendiendo casetes con "Los últimos suspiros de Borges"», parece que comentó.

Iñaki Uriarte; entrevistado por Karlos Zurutuza

* tentación

(…) hay impuestos municipales que se dan de codazos con los provinciales e impuestos provinciales que a su vez están encimados con los nacionales. La gente conoce algunos impuestos porque la fecha de vencimientos sale en los diarios, pero desconoce montones que achacan sobre lo que uno morfa, viste o patea… menos mal, porque si se supiera realmente todo lo que uno labura para la Señora Impositiva se desalienta y se hace linyera.
Tato Bores

* territorios

Ser parte de un barrio no me hace odiar a otros barrios ni amar a todos mis vecinos.
Tomás Abraham

* tertulias

En su libro "La noche de mi ciudad", Ulyses Petit de Murat sostiene que el auge de las peñas en Buenos Aires duró exactamente diez años, de 1925 a 1935. Otros testimonios fijan el comienzo de su declinación hacia 1938, año en que se producen —sin proponer una suerte de determinismo— los suicidios de Horacio Quiroga, Alfonsina Storni y Leopoldo Lugones. Hasta ese momento y a pesar de las duras condiciones económicas de la época, las tertulias de escritores, periodistas y artistas mantuvieron entusiasta vigencia. Casi todas ellas se habían iniciado en la década anterior como "La Peña" y del *Tortoni* (…)
Antonio Requeni

* tiempos

El futuro se construye con el coraje que tengamos para hacer el presente.

Adolfo Pérez Esquivel

* timberos

Y el porteño juega. Es su vicio. (…) se juega los millones como quien se juega fichas. No creo que haya país en el mundo en el que la inconsciencia de un jockey o la voluntad de un caballo puedan hacer y deshacer tantas fortunas; en el que la caída de un hombrecillo que no puede pesar más de setenta kilos lleve en sus costillas la suerte o la desgracia de tanta gente. No creemos que el paño verde de las mesas de Montecarlo haya visto correr tanto dinero. El porteño juega, pero con indiferencia. Si gana, sonríe, y si pierde, también. En las líneas de su rostro no se dibujan en ningún momento trazos de alegría o de dolor.

Santiago Rusiñol, 1910, en su visita a Buenos Aires

* tirajes

La tirada media de una novela en la Argentina es de tres mil ejemplares. Últimamente —dado nuestro progreso al parecer sin retorno— he visto tirajes de dos mil y hasta de mil, lo que hace francamente hipotética toda utilidad. Si esto sucede con la novela, no les cuento lo que pasa con la poesía. Hace muy poco apareció un nuevo libro de poemas de uno de nuestros líricos más famosos, editado por la editorial de mejor línea de distribución. El tiraje que declaraba y que comprobé telefónicamente era de quinientos

ejemplares. Sé que los poetas imprimen sus libros en cantidades que van desde los cincuenta ejemplares a los trescientos. Hipotéticamente la edición ha de cubrir la expectativa de venta de un potencial de trescientos millones de hispanohablantes. Toda exégesis en este caso eludo.
Héctor Yánover

* título
(…) mi discreta obra "La Guía del Cojo en el Camino Recto de la Vida".
Macedonio Fernández

* todavía
En *El dogma socialista*, una cosa que me llamó mucho la atención es que [Esteban Echeverría] dice que la Argentina tiene una buena producción agraria, pero lo que hay que hacer es agregarle valor a esa producción por medio de la industria. Transformar esos productos de la tierra gracias a la industria, para que nuestra economía funcione mejor; 170 años después seguimos diciendo lo mismo. ¿Cómo puede ser que el poroto de soja se vaya sin procesar? Es bastante impresionante.
Martín Caparrós; entrevista de Héctor Pavón

* todos
-En la Argentina hay radicales, socialistas, conservadores, comunistas...
-Y peronistas, general.
-Ah noooo. Peronistas somos todos.
Domingo Perón; citado por Tomás Eloy Martínez

* totalizadora

El hambre es terrible porque no deja lugar a otro sufrimiento. Yo no puedo pensar en mi vida interior porque mi existencia no está asegurada. La preocupación miserable del pan despedaza las inquietudes espirituales.

Enrique González Tuñón

* tradicional

En la esquina de San Antonio bailan y cantan los niños:
"A la lata,
al latero,
a la hija del chocolatero".

Raúl González Tuñón, 1934

* traducción

"Cómo no" es una mezcla de "probablemente", de "ya veremos", de "casi seguro", de "naturalmente", pero no es un "sí" cierto. Si al preguntar a dos que se casan, en vez de dar el "sí" se diesen el "cómo no", creemos que no se considerarían casados.

Santiago Rusiñol, 1910, impresiones de Argentina

* traidora

La fama, que lo había salvado de la miseria, lo hizo prisionero. Maradona fue condenado a creerse Maradona y obligado a ser la estrella de cada fiesta, el bebé de cada bautismo, el muerto de cada velorio. Más devastadora que la cocaína es la exitosina. Los análisis, de orina o de sangre no delatan esta droga.

Eduardo Galeano

* trance

[Escribir] es un gran dolor, un gran esfuerzo, inclusive físico. Me crea problemas personales, de relación; me vuelvo huraño, fastidioso. Escribo porque no tengo más remedio. Escribo o me muero. Es como estar embarazado, supongo. Después uno pare y se acabó. Se siente mejor, más aliviado.
Haroldo Conti

* transformados

Esos argentinos amables y correctos, las oleadas de extranjeros que vienen a hacer fortuna, los que ya la han hecho, los que no pueden hacerla, todo este conglomerado de razas y procedencias que conforma este pueblo típico son gente sencilla y modesta hasta el día en que tienen un cargo. En cuanto son junta o gobierno y tienen una misión, con muy contadas excepciones, ya se ha acabado la democracia. (...) El cargo les estropea la vida.
Santiago Rusiñol, 1910, impresiones de Argentina

* transitorios

De qué eternidad me hablan, está la obra que uno puede dejar, pero uno no está. La vida es como el cine: se muere cuando se termina la película. (...) porque el fin del mundo para cada persona ocurre con su muerte.
Adolfo Bioy Casares; entrevista de Jorge Urien Berri

* tratamiento

Macedonio Fernández cuenta que apenas lo abandonó una mujer que amaba, corrió a sacarse las muelas de

juicio, convencido de que, por contraste, lo de las muelas le dolería muy poco.
Roxana Kreimer

* trayecto
Siempre habrá quien, no pudiendo cambiar el orden de las clases, aspire a cambiar de clase. El verbo "llegar" es la clave: "va a llegar lejos", "no va a llegar a nada", "uno que ya llegó", "está por llegar", "no pudo llegar". El sentimentalismo de los tangos gardelianos recoge la nostalgia del que ha llegado y recuerda en medio de la fiesta en que ahora vive el barrio de la infancia, el patio del conventillo. Gardel escapó efectivamente a su clase de origen, y basta que uno se haya salvado para creer en el milagro. Muchos hay, no obstante, que no se resignan a vivir sus sueños por delegación en la figura del héroe y se proponen intentar por su cuenta una aventura gardeliana que fracasará en la mayoría de los casos: sus historias anónimas como la de todos los aventureros fracasados sólo los recoge la crónica policial.
Juan José Sebreli

* triste
Hay cosas que usted dice y dicen: "Es un amargao". ¿Amargado, de qué? Si a mí hace cuarenta años que me va bien, desde el punto de vista personal; lo que me va mal es desde el punto de vista universal; me va triste.
Atahualpa Yupanqui

* turistas

El argentino tiene una mentalidad de huésped de hotel, el hotel es el país y el argentino es un pasajero que no se mete con los otros. Si los administradores administran mal, si roban y hacen asientos falsos en los libros de contabilidad es asunto del dueño del hotel, no de los pasajeros a quienes en otro sitio los espera su futura casa propia, ahora en construcción. (...) Quizás algún día los argentinos nos convenzamos de que este hotel de tránsito es nuestro único hogar y que no hay ninguna Argentina –visible o invisible- esperándonos en ninguna otra parte.

Marco Denevi; citado por Jorge Lanata

* ubicación

Los argentinos queremos ser París, decimos que Buenos Aires es la París de Sudamérica y no. Argentina está en el culo del mundo.

Milo Lockett

* único

(…) Efecto Patria: el fútbol sabe hacer el milagro de reunir en un mismo grito a personas que nunca se hablarían.

Martín Caparrós

* utilidad

¿Para qué sirve la literatura? le preguntaron (…) La respuesta de [Andrés] Rivera tuvo, como toda su literatura, la construcción de una frase letal: "Para resistir a la desesperanza".

Diego Erlan

* vacío
Cuando el héroe del estadio es el gran hombre de la
Nación, puede ser que así lo sea porque la Nación se ha
quedado sin hombres.
Dante Panzeri

* valentía
Nada está perdido si se tiene el valor de proclamar que
todo está perdido y hay que empezar de nuevo.
Julio Cortázar

* vanidosa
Buenos Aires es –como casi todas las mujeres y casi
todas las grandes capitales- de una suprema vanidad.
No lo dice, pero desea que la miren, la halaguen, que la
estudien. En suma: que todo el tiempo hablen de ella.
Y si no, habla todo el tiempo de sí misma.
Tulio Carella

* vengativo
Me crucé con K. Ya sabés que nuestras relaciones
nunca fueron demasiado buenas, pero a que no te
imaginás lo que me preguntó. "¿Qué tal, me dijo, cómo
te va?" Sentí un golpe en el hígado cuando lo escuché
y pensé que no lo merecía. Entonces yo, que me jacto
de no ser vengativo, le asesté (Dios me perdone) la
siguiente respuesta: "Bien ¿y vos?" No pudo dejar de
acusar el impacto. Quedó blanco.
Héctor Yánover

* ventaja

Los ricos tienen ciertamente una ventaja sobre los pobres, y es que ellos saben que con el dinero no alcanza.

Mamerto Menapace

* ventilar

(…) no tengo intenciones de resignar el humor. A pesar de que yo arranco, en lo posible, si la encuentro, de una situación dramática, de una situación de conflicto. Lo que pasa es que después la resuelvo con un tono de humor, tal vez podría continuarla más dramáticamente, pero a mí me parece que el humor da otro aire.

Roberto Fontanarrosa; entrevista de Camilo Sánchez

* ver

Clorindo Testa puede pasar varias horas mirando una pared vacía. Me llevó bastante tiempo comprender ese prodigio: las paredes de Clorindo nunca están vacías.

Julio Llinás

* versiones

El mito norteamericano fundamental es el *sheriff* que está al servicio del sistema y lo defiende. El prolijo héroe de las antiguas películas de cowboys defendía el banco del bandido que tenía aspecto de mejicano sucio y barbudo. (...)

Nuestro mito nacional es inverso, Martín Fierro, Juan Moreira, Mate Cocido, son gauchos matreros, rebeldes y perseguidos injustamente. El representante de la ley

es el villano, como en el caso del Sargento Chirino que asesina por la espalda a Juan Moreira.
Alfredo Moffatt

* veteranía
[el tango] no es música de pibes. Porque para disfrutar del tango hay que haber tenido y haber perdido, hay que ser capitán de la nostalgia, enamorado del recuerdo.
Ana María Shua

* villas
(…) Décadas atrás, las villas se llamaban "villas miseria". Ahora, el "miseria" no se usa más: la gente las llama, simplemente, "villas", porque la miseria está implícita. Las autoridades las llaman "villas de emergencia", eufemismo que presupone que, cuando la emergencia pase, la gente vivirá en lugares más gratos. Como las favelas brasileñas o los tugurios colombianos, las villas argentinas son ciudades dentro de la ciudad, microciudades para sumergidos. Barrios de frágiles casillas de chapa (sin gas, sin agua potable y con conexiones precarias de electricidad), donde se apelotonan familias numerosas. Lógico refugio para delincuentes, en tanto es muy sencillo escabullirse y perderse en un lugar tan densamente poblado y en tanto algunos de los desocupados que allí residen optan por el delito para subsistir, las villas son sitios demonizados por buena parte de la clase media argentina.
Daniel Riera

* visionario
Luis Franco solía comentarme que la gran visión de Perón "había sido descubrir en el fondo de cada argentino un peronista en potencia".
Carlos Penelas

* visiones
El optimista ve la copa medio llena. El pesimista la ve medio vacía. El borracho la ve doble.
Roberto Fontanarrosa

* vivencia
(…) me tocó empezar a pelearle a la muerte el derecho a estar todavía de este lado del piso.
Ese mismo rival, fiero y seguidor, supo tirarme cada tanto uno que otro planazo, pero ya nunca me asustó. Quizá yo había aprendido bien temprano que la muerte nos provoca cada día y cada minuto, pero que nos puede entrar a fondo una sola vez. Y será más bien tarde, siempre que no le demos ventaja y que, sobre todo, tengamos de laderos a cariños de buena ley.
Edmundo Rivero

* vocacionales
Querer gobernar es tener ganas de ser responsable del llover y del no llover.
Macedonio Fernández

* volvedoras
(…) se presentaron a la puerta de casa las inevitables

vacas flacas -que como las golondrinas volvían siempre- (...)
Conrado Nalé Roxlo

* vulnerabilidad
La frivolidad, cuando se torna un modelo, no se limita a convertir la masa encefálica en un callo plantar y el gusto en una cloaca, sino que ahonda la vulnerabilidad social. El frívolo es epidémico, inseguro e invertebrado. Es quien pierde con rapidez los valores y se deja seducir con vidrios de colores. Queda sin frenos morales ante la tentación ilegal. Por eso el crecimiento de la frivolidad es directamente proporcional al ascenso de la corrupción.
Marcos Aguinis

BIBLIOGRAFÍA

- Abraham, Tomás. *La aldea local.* Buenos Aires, Eudeba, 1998.
- Aguinis, Marcos. *El atroz encanto de ser argentinos.* Buenos Aires, Booket, 3ª.ed., 2004.
- Alifano, Roberto. *El humor de Borges.* México, Lectorum, 2008.
- Alsina Thevenet, Homero (y colaboradores). *Lo peor de Monde Cane.* Montevideo, Cal y Canto, 2000.
- Alsina Thevenet, Homero. *Peleas y personajes.* Montevideo, Cal y Canto, 1998.
-------*Postdatas al mundo.* Montevideo, Arca, 1990.
- Arlt, Roberto. *Aguafuertes porteñas.* Buenos Aires, Losada, 11ª. Ed., 2002.
-------*Escuela de delincuencia. Aguafuertes.* Montevideo, Banda Oriental, 2000.
-------*Tratado de delincuencia. Aguafuertes inéditas.* Buenos Aires, Página/12, 1996.
- Arlt, Roberto et al. *Crónicas de Buenos Aires.* Selección y biografías de Julia Constela. Buenos Aires, Jorge Álvarez editor, 1965.
- Balmaceda, Daniel. *Espadas y corazones. Pequeñas delicias de héroes y villanos de la historia argentina.* Buenos Aires, Marea, 2004.
- Belvedere, Carlos. *De sapos y cocodrilos. La lógica elusiva de la discriminación social.* Buenos Aires, Biblos, 2002.
- Bioy Casares, Adolfo. *De jardines ajenos.* Buenos Aires, Grupo Editorial Temas, 5ª. Ed., 1998.
-------*Descanso de caminantes. Diarios íntimos.* Edición al cuidado de Daniel Martino. Buenos Aires, Sudamericana, 2001.
- Blaisten, Isidoro. *Anti-conferencias.* Buenos Aires, Emecé, 1983.
- Bleichmar, Silvia. *Dolor País.* Buenos Aires, Libros del Zorzal, 2002.
- Borges, Jorge Luis – José Edmundo Clemente. *El lenguaje de Buenos Aires.* Buenos Aires, Emecé, 1996.
- Botana, Helvio I. *Memorias. Tras los dientes del perro.* Buenos Aires, A. Peña Lillo Editor S. A., 2a ed., 1977.
- Bovo, Ana María. *Narrar, oficio trémulo.* Conversaciones con Jorge Dubatti. Buenos Aires, Atuel, 2002.
- Carella, Tulio. *Picaresca porteña.* Buenos Aires, Ediciones Siglo Veinte, 1966.
- Caron, Carlos María. *Argentinos: ¡El mundo nos queda chico!* Buenos Aires, Metafrasta, 2004.

- Chas de Chruz, Israel. *Aventuras de la picaresca porteña*. Buenos Aires, Editorial Freeland, 1966.

- Cozarinsky, Edgardo. *El pase del testigo*. Buenos Aires, Sudamericana, 2001.

-------*Milongas*. Con fotografías de Sebastián Freire. Buenos Aires, Edhasa, 2007.

-------*Museo del chisme*. Buenos Aires, Emecé, 2005.

-------*Nuevo museo del chisme*. Buenos Aires, La Bestia Equilátera, 2013.

- de la Cazuela, Jordán. *Tato y yo*. Buenos Aires, Baesa, 1974.

- Di Stéfano, Alfredo. *Gracias, vieja. Las memorias del mayor mito del fútbol*. Madrid, Aguilar, 2000.

- Escande, Enrique (con la colaboración de Diego Borinsky y Carlos Werd). *Las anécdotas del fútbol. La viruta*. Buenos Aires, Planeta, 1999.

- Escardó, Florencio. *Geografía de Buenos Aires*. Buenos Aires, Losada, 1945.

-------*La casa nueva*. Buenos Aires, Campano, 1963.

- Fortunato, Abel J. *Los años locos. Del sube y baja al tobogán*. Buenos Aires, Marymar, 1983.

- Galeano, Eduardo. *Bocas del tiempo*. Montevideo, Ediciones del Chanchito, 2004.

-------*Espejos. Una historia casi universal*. Montevideo, Ediciones del Chanchito, 2008.

- García Jiménez, Francisco. *Memorias y Fantasmas de Buenos Aires*. Buenos Aires, Corregidor, 1994.

- Gelman, Juan. *Nueva prosa de prensa*. Buenos Aires, Vergara, 1999.

- Gelman, Juan – Osvaldo Bayer. *Exilio*. Buenos Aires, Planeta, 2006.

- Ghiano, Juan Carlos. *Vividuras o libro de muchas advertencias y algunas incertidumbres*. Buenos Aires, Crea, 1981.

- Gila, Miguel. *Memorias de un exilio. Argentina mon amour*. Madrid, Temas de Hoy, 1998.

-------*Y entonces nací yo. Memorias para desmemoriados*. Madrid, Temas de Hoy, 1995.

- Gómez de la Serna, Ramón. *Nuevas páginas de mi vida*. Madrid, Alianza, 1970.

-------*Trampantojos*. Buenos Aires, Orientación Cultural Editores S.A., 1947.

- González Pacheco, Rodolfo. *Carteles. Tomo I. Del entrevero – De Ushuaia. Miscelánea*. Buenos Aires, Américalee, 1956.

- González Tuñón, Enrique. *Camas desde un peso*. Buenos Aires, Deucalión, 1956.

-------*Viaje al fondo de una calle y otras páginas* (antología). Buenos Aires, Centro Editor de América Latina, 1992.

- González Tuñón, Raúl. *El otro lado de la estrella*. Montevideo-Buenos Aires, Ediciones de la Sociedad Amigos del Libro Rioplatense, 1934.

- Guerriero, Leila. *Frutos extraños. Crónicas reunidas 2001-2008*. Buenos Aires, Aguilar, 2009.

- Hernández, Horacio G. *Aproximaciones. Método de acercamiento a la verdad*. Buenos Aires, El Lorraine, 1978.

- Jauretche, Arturo. *De memoria. Pantalones cortos*. Buenos Aiures, A. Peña Lillo editor, 1972.

-------*Política nacional y revisionismo histórico*. Buenos Aires, A. Peña Lillo editor, 2ª ed., 1970.

-------*Prosa de hacha y tiza*. Buenos Aires, Coyoacán, 1961.

- Kovadloff, Santiago. *La nueva ignorancia*. Buenos Aires, Emecé, 2001.

-------*Una biografía de la lluvia*. Buenos Aires, Emecé, 2004.

- Kreimer, Roxana. *Artes del Buen Vivir. Filosofía para la vida cotidiana*. Buenos Aires, Anarres, 2002.

- Lagorio, Arturo. *Cronicón de un almacén literario*. Buenos Aires. Ediciones Culturales Argentinas, 1962.

- Lanata, Jorge. *ADN. Mapa genético de los defectos argentinos*. Buenos Aires, Planeta, 2004.

- Larra, Raúl. *Roberto Arlt. El torturado*. Buenos Aires, Leviatán, 6ª. Ed., 1992.

- Lesser, Ricardo. *Celebrar los sentidos. Historias de percepciones y gozos entre 1610 y 1810*. Buenos Aires, Longseller, 2008.

-------*Hacer el amor. Historias de amor y sexo entre 1610 y 1810*. Buenos Aires, Longseller, 2005.

-------*Vivir la muerte. Historias de vida y de muerte entre 1610 y 1810*. Buenos Aires, Longseller, 2007.

- Livingston, Rodolfo. *Licencia para opinar*. Buenos Aires, Astralib, 2003.

-------*Memorias de un funcionario*. Buenos Aires, Ediciones de la Urraca, 3ª. Ed., 1994.

- Llinás, Julio. *Querida vida*. Buenos Aires, Sudamericana, 2005.

- Mallea, Eduardo. *La vida blanca*. Buenos Aires, Sur, 1960.

- Melnik, Luis. *Abuelo… ¿es verdad? Relatos de todos los tiempos para todas las edades*. Buenos Aires, Emecé, 2004.

-------*Diccionario insólito*. Buenos Aires, Claridad, 2007.

- Moffatt, Alfredo. *En caso de angustia rompa la tapa. Terapia de crisis, teoría y técnicas*. Buenos Aires, Astralib, 2003.

- Nalé Roxlo, Conrado. *Antología Apócrifa*. Buenos Aires, Kapelusz,

1971.

------*Borrador de memorias.* Buenos Aires, Plus Ultra, 1978.

- Narosky, José. *Brisas. Aforismos.* Buenos Aires, Javier Vergara Editor, 1989.

------*Sembremos. Relatos y aforismos que enriquecerán su vida.* Buenos Aires, Planeta, 2003.

- Ng, Gustavo. Néstor Restivo. Camilo Sánchez. *El otro bicentenario. 200 hechos que no hicieron patria.* Buenos Aires, Aguilar, 2010.

- O'Donnell, Pacho. *El prójimo. La revolución de los solidarios.* Buenos Aires, Planeta, 2001.

- Orgambide. Pedro. *Una literatura solidaria.* Buenos Aires, Instituto Movilizador de Fondos Cooperativos, 2002.

- Panzeri, Dante. *Dirigentes, decencia y wines. Obra periodística.* Edición a cargo de Matías Bauso. Buenos Aires, Sudamericana, 2013.

- Pau, Antonio. *Música y poesía del tango.* Madrid, Trotta, 2001.

- Peicovich, Esteban. *El palabrista. Borges visto y oído.* Buenos Aires, Marea, 2ª. Ed., 2007.

------*Introducción al camelo.* Buenos Aires, Editorial Jorge Álvarez, 1967.

- Penelas, Carlos. *Conversaciones con Luis Franco.* Buenos Aires, Torres Agüero Editor, 2ª. Ed., 1991.

------*Fotomontajes.* Buenos Aires, Dunken, 2009.

- Pons, José. *Aventuras y triunfos de argentinos en París. Memoria y anecdotario.* Buenos Aires, Corregidor, 2004.

- Porchia, Antonio. *Voces.* Buenos Aires, Hachette, 8ª. Ed., 1972.

- Pradelli, Ángela. *La búsqueda del lenguaje. Experiencias de transmisión.* Buenos Aires, Paidós, 2011.

- Puccia, Enrique H. *Intimidades de Buenos Aires.* Buenos Aires, Corregidor, 1990.

- Requeni, Antonio. *Cronicón de las peñas de Buenos Aires.* Fundación Banco de Boston, Buenos Aires, 1984.

- Riera, Daniel. *Nuestro Vietnam y otras crónicas.* Buenos Aires, Aguilar, 2010.

- Rígoli, Orlando Juan. *Las mejores anécdotas del Congreso. Grandezas y miserias de nuestros legisladores.* Buenos Aires, Planeta, 2000.

- Rivero, Edmundo. *Una luz de almacén (El lunfardo y yo).* Textos compilados por Ignacio Xurxo. Buenos Aires, Emecé, 1982.

- Rossi, Alejandro. *Manual del distraído.* México, FCE, 5a. Ed., 1987.

- Rusiñol, Santiago. *De Barcelona al Plata. Un viaje a la Argentina de 1910* (traducción e introducción de Xavier Moret). Barcelona, Edi. B, 1999.

- Sabato, Ernesto. *La resistencia.* Buenos Aires, Seix Barral, 2000

- Sáenz, Dalmiro. *Esto es cultura. ¡Animal!* Buenos Aires, Goyanarte, 1977.
- Saldías, José Antonio. *La inolvidable bohemia porteña. Radiografía ciudadana del primer cuarto del siglo.* Buenos Aires, Freeland, 1968.
- Sarlo, Beatriz. *Escenas de la vida posmoderna. Intelectuales, arte y videocultura en la Argentina.* Buenos Aires, Seix Barral, 2004.
- Sebreli, Juan José. *Buenos Aires. Vida cotidiana y alienación.* Buenos Aires, Siglo Veinte, 3ª. Ed, 1965.
------*El tiempo de una vida. Autobiografía.* Buenos Aires, Sudamericana, 2005.
- Valdano, Jorge. *El miedo escénico y otras hierbas.* Madrid, Punto de Lectura, 2003.
- Villoro, Juan. *Dios es redondo.* México, Planeta, 2006.
- Wimpi. *El gusano loco.* Buenos Aires, Editorial Freeland, 6ª. Ed., 1973.
-------*La calle del gato que pesca.* Buenos Aires, Editorial Freeland, 1975.
- Yánover, Héctor. *Memorias de un librero.* Buenos Aires, Ediciones de la Flor, 2ª. Ed., 1986.
- Zimmerman, Héctor. *Tres mil historias de frases y palabras que decimos a cada rato.* Buenos Aires, Aguilar, 2008.

- Adriana. *Somos así.* Buenos Aires, s/e, 1970.
- *Los conversadores.* Buenos Aires, Emecé, 2ª ed., 1945.
- *Las libretas de José.* Prólogo y selección Daniel Kon. Buenos Aires, Galerna, 7ª. Ed., 1980.
- *Macedonio Fernández. Textos selectos.* Selección de textos Adolfo de Obieta. Buenos Aires, Corregidor, 2004.
- *Pescatore di Perle. Antología del disparate.* Barcelona, Gustavo Gili Editor, 1934.

DIARIOS, REVISTAS Y SEMANARIOS

- *Algarabía* (México)
- *Clarín*
- *El País* (España)
- *La Nación*
- *La Vanguardia* (España)
- *Le Monde Diplomatique*
- *Noticias*
- *Página 12*

- *Quid*
- *Veintitrés*

Este libro se terminó de imprimir en diciembre de 2024